首都圏版⑤

最新入試に対応！家庭学習に最適の問題集!!

早稲田実業学校 初等部

2022年度版 過去問題集

プリント式!!

すべての問題に アドバイス付き！

<問題集の効果的な使い方>
①お子さまの学習を始める前に、まずは保護者の方が「入試問題」の傾向や、どの程度難しいか把握します。もちろん、すべての「学習のポイント」にも目を通してください
②各分野の学習を先に行い、基礎学力を養いましょう！
③「力が付いてきたら」と思ったら「過去問題」にチャレンジ！
④お子さまの得意・苦手がわかったら、その分野の学習を進め、全体的なレベルアップを図りましょう！

合格のための問題集

早稲田実業学校初等部

図形	Jr・ウォッチャー 48「鏡図形」
推理	Jr・ウォッチャー 33「シーソー」
数量	Jr・ウォッチャー 37「選んで数える」
記憶	お話の記憶 中級編
制作	実践 ゆびさきトレーニング①②③

2018～2021年度 過去問題を掲載 ＋ 各問題にアドバイス付!!

日本学習図書 ニチガク

こんなこと…ありませんか？

「ニチガクの問題集…買ったはいいけど、、、
この問題の教え方がわからない（汗）」

メールでお悩み解決します！

☆ ホームページ内の専用フォームで必要事項を入力！

☆ 教え方に困っているニチガクの問題を教えてください！

☆ 確認終了後、具体的な指導方法をメールでご返信！

☆ 全国どこでも！スマホでも！ぜひご活用ください！

＜質問回答例＞

 学習のポイント

推理分野の学習では、後の学習に活きる思考力を養うことができます。ご家庭で指導する場合にも、テクニックにたよらず、保護者の方が先に基本的な考え方を理解した上で、お子さまによく考えさせることを大切にして指導してください。

Q.「お子さまによく考えさせることを大切にして指導してください」と学習のポイントにありますが、考える習慣をつけさせるためには、具体的にどのようにしたらいいですか？

A.お子さまが考える時間を持てるように、質問の仕方と、タイミングに工夫をしてみてください。
たとえば、「答えはあっているけど、どうやってその答えを見つけたの」「答えは○○なんだけど、どうしてだと思う？」という感じです。はじめのうちは、「必ず30秒考えてから手を動かす」などのルールを決める方法もおすすめです。

まずは、ホームページへアクセスしてください!!

http://www.nichigaku.jp 　日本学習図書 　検索

目指せ！合格！ 家庭学習ガイド
早稲田実業学校初等部

ペーパー　行動観察　巧緻性　制作　絵画　口頭試問　親子面接

入試情報

応 募 者 数：男子 707 名　　女子 521 名
出 題 形 式：ペーパー形式・ノンペーパー形式
面 　 　 接：保護者・志願者面接
出 題 領 域：ペーパーテスト（お話の記憶・推理・言語など）、行動観察、
　　　　　　　制作（絵画など）、口頭試問

入試対策

1,000 人以上の応募者数がいて、1 次試験をパスできるのは 180 人ですから、合格ラインはかなり高くなります。しかも毎年似たような問題が出題されるので、準備を万全にしておけば満点に近い成績を取ることも可能です。…という入試なのですが試験問題自体は基礎問題が多分野から出題される「広く浅く」というタイプのものです。うっかりできないという意味では厳しい入試とも言えるのですが、まずは各分野の基礎固めを行いつつ、解答の精度を上げていくことを目標にしてください。感染症対策はグループの人数を少なくし、消毒を徹底するという形で行われました。内容は例年よりもやさしくなり、特別な対策をしなくてもよいレベルになっていますが、次年度について特にアナウンスはありません。状況次第ですが、例年の内容に戻ると考えておいた方がよいでしょう。

- ●ペーパーテストでは「お話の記憶」「系列」「数量」など、さまざまな分野から出題されています。内容は基本的なものが多いようですが、お子さまが問題を正確に理解する上でも、日頃から読み聞かせを行い、「語彙力」「理解力」「集中力」「記憶力」「想像力」を養ってください。

- ●行動観察・制作（絵画など）では、生活常識や体験を重視したテーマが頻出です。日頃から、お家でのお手伝いや、人との関わりを持つ機会を増やすよう心がけてください。近年の制作課題では制作物に関する質問が必ず行なわれています。

- ●1 次試験の課題画に取り組んでいる時に、絵について質問されます。また、複数で課題に取り組むグループ活動や 2 次試験の面接など、コミュニケーションを観る内容が試験に多く出題されています。内容的に難しいものはありませんので、日常生活における協調性や受け答えができていれば問題ないでしょう。

「早稲田実業学校初等部」について

＜合格のためのアドバイス＞

　　志願者数は例年 1,000 人以上に上ります。当校の入学を志望される方は、まず最初に受験者数の多さにおののいてしまうことでしょう。その原因は、他人と比較をしてわが子を観ているからです。まず保護者の方は、他のお子さまとわが子を比較するのではなく、我が子の現在の学力を正確に把握しましょう。

　　その上で、得意分野と苦手分野を整理してください。

　　苦手分野の対策ばかりしていると、お子さまは勉強すること自体が嫌になってしまいます。苦手対策の学習をする際は、得意分野からはじめて、得意分野で終わるようにしてください。その時、「もっとやりたい」と言うかもしれませんが、苦手分野の問題を繰り返し解くことは勧めません。繰り返すことで、学習に飽き、ムラが生じ、結果的に効果が上がらなくなります。長期的な学習計画を立て、焦らず学力の向上をはかりましょう。

　　当校では生活体験を重視した問題が多数出題されます。こうした問題は、日頃の生活が教科書となります。生活体験は、毎日コツコツと繰り返し行うことで、少しずつ身に付いていくものです。お手伝いを最初から上手くできる子はそうはいません。保護者の方は「褒めて伸ばす」ことを意識してください。

　　ペーパーの学習に関しては、難易度の到達よりも、正解率にウエイトをおいた学習を心がけるとよいでしょう。当校のペーパーテストは難易度が高いわけではありません。しかし、人数が多い分、1 次試験合格のボーダーラインが必然的に高くなっています。そのため、家庭学習において完成度を高いものにする必要があるのです。

　　お子さまの理解度をはかるには、解き方の説明をさせるとよいでしょう。お子さまの思考過程が把握でき、どこでつまずいたのかがわかります。

　　また、学習がマンネリ化してきたら、作問させることもおすすめします。問題を作るということは、解答まで考えて作ることになりますから、解答までのプロセスを自分自身で確認することができます。

〈2021 年度選考〉

〈1 次試験〉
- ◆ 制作・口頭試問（個別）
- ◆ 行動観察（複数）
- ◆ ペーパーテスト

〈2 次試験〉
- ◆ 保護者・志願者面接（15 分）
　※面接官は 4 名。

◇過去の応募状況

2021 年度	男子 707 名	女子 521 名
2020 年度	男子 645 名	女子 498 名
2019 年度	男子 650 名	女子 459 名

入試のチェックポイント

- ◇受験番号は…「非公表」
- ◇生まれ月の考慮…「非公表」

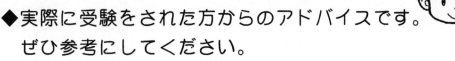

㊓ 先輩ママたちの声！

◆実際に受験をされた方からのアドバイスです。
ぜひ参考にしてください。

早稲田実業学校初等部

・親の控え室では、電子機器の使用は禁止されていました。

・試験の内容によっては、服が汚れることがあるようです。

・ペーパーテストだけでなく、子どもの態度も重要です。試験中にふざけた子はテストの点が良くても不合格にされたようです。ほかの子の悪ふざけにつられないよう、日頃の躾が重要です。

・ゼッケンのひもがほどけないよう安全ピンでとめている人が多かったようです。

・２次面接の待合室は図書室でした。自由に本を読んでいいとのことで、静かに過ごすことができました。

・面接試験は８割方が子どもへの質問でした。

・課題自体は難しいように見えませんでした。しかし、試験全体を通してみると、何事もバランスよくきちんと行えることが大切であり、やはり難関校だなと思いました。

・説明会は校内で行われません。別の日に行われる校内見学会で学校の様子を知る機会にするとよいと思います。

・面接での質問内容は、こちらの回答によってどんどん発展していく感じのものでした。活発な子どもを望んでいる様子でしたので、明るくハキハキと受け答えができるとよいのではないでしょうか。

早稲田実業学校初等部 過去問題集

〈はじめに〉

　　現在、少子化が叫ばれているにもかかわらず、私立・国立小学校の入学試験には一定の応募者があります。入試は、ただやみくもに学習するだけでは成果を得ることはできません。志望校の過去における出題傾向を研究・把握した上で、練習を進めていくこと、その上で試験までに志願者の不得意分野を克服していくことが必須条件です。そこで、本問題集は小学校を受験される方々に、志望校の出題傾向をより詳しく知って頂くために、過去に遡り出題頻度の高い問題を結集いたしました。最新のデータを含む精選された過去問題集で実力をお付けください。

　　また、志望校の選択には弊社発行の「2022年度版　首都圏・東日本　国立・私立小学校　進学のてびき」（4月下旬刊行）をぜひ参考になさってください。

〈本書ご使用方法〉

◆出題者は出題前に一度問題を通読し、出題内容などを把握した上で、
　〈 準 備 〉の欄に表記してあるものを用意してから始めてください。
◆お子さまに絵の頁を渡し、出題者が問題文を読む形式で出題してください。
　問題を読んだ後で、絵の頁を渡す問題もありますのでご注意ください。
◆「分野」は、問題の分野を表しています。弊社の問題集の分野に対応していますので、復習の際の目安にお役立てください。
◆一部の描画や工作、常識等の問題については、解答が省略されているものがあります。お子さまの答えが成り立つか、出題者が各自でご判断ください。
◆〈 時 間 〉につきましては、目安とお考えください。
◆［〇年度］は、問題の出題年度です。［2021年度］は、「2020年の秋から冬にかけて行われた2021年度志願者向けの考査の問題」という意味です。
◆学習のポイントは、指導の際にご参考にしてください。
◆【おすすめ問題集】は各問題の基礎力養成や実力アップにご使用ください。

〈本書ご使用にあたっての注意点〉

◆文中に この問題の絵は縦に使用してください。 と記載してある問題の絵は縦にしてお使いください。
◆〈 準 備 〉の欄で、クレヨンと表記してある場合は12色程度のものを、画用紙と表記してある場合は白い画用紙をご用意ください。
◆文中に この問題の絵はありません。 と記載してある問題には絵の頁がありませんので、ご注意ください。なお、問題の絵の右上にある番号が連番でなくても、中央下の頁番号が連番の場合は落丁ではありません。
　下記一覧表の●が付いている問題は絵がありません。

問題1	問題2	問題3	問題4	問題5	問題6	問題7	問題8	問題9	問題10
							●	●	●
問題11	問題12	問題13	問題14	問題15	問題16	問題17	問題18	問題19	問題20
●							●		●
問題21	問題22	問題23	問題24	問題25	問題26	問題27	問題28	問題29	問題30
●	●	●							●
問題31	問題32	問題33	問題34	問題35	問題36	問題37	問題38	問題39	問題40
●	●								●
問題41	問題42	問題43							
●	●	●							

◎学習効果を上げるため、前掲の「家庭学習ガイド」及び「合格のためのアドバイス」をお読みになり、入試の出題傾向を、よく把握した上で問題に取り組んでください。

※冒頭の「本書ご使用方法」「ご使用にあたっての注意点」もあわせてご覧ください。

2021年度の最新問題

問題1 分野：記憶（お話の記憶）

〈準備〉 鉛筆（赤・青）

〈問題〉 これからお話をします。よく聞いて、後の質問に答えてください。

キリンさん、ネコさん、クマくん、サルくんは海水浴に行きました。海水浴場はバス乗って30分くらいのところにあります。クマくんとサルくんは海水浴場に着くとスコップで砂のお城を作り始めました。キリンさんとネコさんは浮き輪をして泳いでいます。しばらくしてサルくんが「スイカ割りをしよう」と言ったので、順番にスイカを割ることになりました。最初はキリンさんの番です。キリンさんが棒を持ち、目隠しをして立っていると、サルくんが「スイカ割りをする時は、最初にこうやってくるくる回すんだよ」と言って、キリンさんをくるくる回しました。キリンさんは目が回ってしまい、スイカのないところを叩いてしまいました。その次はネコさんの番ですが、ネコさんが大好きなクマくんが「ネコさんといっしょにやりたい」と言ったので2人で割ることになりました。サルくんが2人をくるくる回すと2人はスイカの前でぶつかってしまい、スイカを割ることはできませんでした。最後はサルくんの番です。サルくんもスイカ割りの前にキリンさんに回してもらいましたが、キリンさんはゆっくりとしか回さなかったので、サルくんは目を回すことはありませんでした。スイカの位置がだいたいわかっているサルくんは、「エイッ」と大きな声でスイカを叩きました。しかし、あまり力のないサルくんは少ししか割ることができず、目隠しを外して「ちぇっ」と悔しがりました。みんなでスイカを食べた後、ビーチボールで遊んでいるともう夕方です。「お腹が減ったから帰ろうよ」とクマくんが言ったので、バスに乗って帰りました。

（問題1の絵を渡す）
①クマくんとサルくんが使った道具はどれですか。
　赤鉛筆で○をつけてください。
②キリンさんとネコさんが泳ぐ時に付けていたものはどれですか。
　青鉛筆で○をつけてください。
③スイカを割ったのはだれですか。青鉛筆で○をつけてください。
④お話の季節はいつですか。同じ季節に咲く花を選んで、赤鉛筆で○をつけてください。

〈時間〉 各30秒

〈準 備〉　鉛筆（赤・青）

〈問 題〉　これからお話をします。よく聞いて、後の質問に答えてください。

みのるくん、とうこちゃん、つとむくんは昨日公園のジャングルジムで楽しく遊びました。楽しかったので、みのるくん、とうこちゃん、つとむくんは翌日も公園で遊ぶことにしました。翌日の朝、とうこちゃんが公園に行くとみのるくんが花が咲いているサクラの木の下で話しかけて来ました。「今日は『だるまさんの1日』をして遊ぼう」。とうこちゃんはその遊びを知らなかったので「『だるまさんの1日』って何？」と聞きました。「『だるまさんの1日』は誰かが『だるまさん』になる。ほかの人はその人が言ったとおりにするという遊びだよ」と言いました。とうこちゃんはそれでもよくわからなかったので「まず、みのるくんが『だるまさん』になってよ」と言いました。「わかったよ。じゃあ行くよ」みのるくんは少し離れた芝生の上に座ると「『だるまさん』は座ったよ」と言いました。横にいたつとむくんが座ったので、とうこちゃんも座りました。その後、みのるくんが「『だるまさん』はあくびをした」と言ったのであくびをしました。そして、「『だるまさん』は眠りました」と言ったので寝そべりました。しばらくして「これでおしまい」とみのるくんは言い、「これを繰り返すという遊びだよ」。とうこちゃんは少し面白くなってきたので「今度は私が『だるまさん』になる」と2人に言いました。

（問題2の絵を渡す）
①とうこちゃんたちは昨日何で遊びましたか。絵に赤鉛筆で○をつけてください。
②「だるまさんの1日」でだるまさんは最後に何をしますか。青鉛筆で○をつけてください。
③お話の季節と同じ季節のものを選んで、絵に赤鉛筆で○をつけてください。
④お話に出てきた人は何人ですか。その数だけ青鉛筆で○を書いてください。

〈時 間〉　各30秒

〈準 備〉　鉛筆（赤）

〈問 題〉　同じ数の積み木を線でつないでください。

〈時 間〉　30秒

家庭学習のコツ①　**「先輩ママのアドバイス」を読みましょう！**　――――

本書冒頭の「先輩ママのアドバイス」には、実際に試験を経験された方の貴重なお話が掲載されています。対策学習への取り組み方だけでなく、試験場の雰囲気や会場での過ごし方、お子さまの健康管理、家庭学習の方法など、さまざまなことがらについてのアドバイスもあります。先輩ママの体験談、アドバイスに学び、ステップアップを図りましょう！

問題4 分野：推理（シーソー）

〈 準 備 〉　鉛筆

〈 問 題 〉　上の段を見てください。四角のようにシーソーが釣り合っています。下の段で
同じように釣り合うシーソーを選んで、○をつけてください。

〈 時 間 〉　1分

問題5 分野：言語（言葉の音）

〈 準 備 〉　鉛筆（赤）

〈 問 題 〉　この中で音が3つのものには○、6つのものには△をつけてください。

〈 時 間 〉　各30秒

問題6 分野：図形（図形分割）

〈 準 備 〉　鉛筆（赤）

〈 問 題 〉　描いてある形の中で8個の同じ形にできるものを選んで○をつけてください。

〈 時 間 〉　1分

問題7 分野：制作（想像画）

〈 準 備 〉　クレヨン

〈 問 題 〉　（問題7の絵を渡して）
描いてある形を使って絵を描いてください。
（絵を描いた後で）
・「これは何ですか」
・「どうしてこの絵を描いたのですか」
　などの質問を試験官が行なう。

〈 時 間 〉　10分

問題8 分野：制作

〈 準 備 〉　紙粘土（白色のもの）

〈 問 題 〉　この問題の絵はありません。
紙粘土を使って「生きもの」を作ってください。

〈 時 間 〉　10分
（絵を描いた後で）
・「これは何ですか」
・「どうしてこれを作ったたのですか」
　などの質問を試験官が行なう。

問題9　分野：行動観察（巧緻性）

〈準 備〉　鉛筆（5本）、ボールペン（5本）ゼムクリップ（適宜）、輪ゴム（2本）、
　　　　　ビニール袋

〈問 題〉　この問題の絵はありません。
　　　　　これから私（出題者）の言うとおりにしてください。
　　　　　①ボールペンを5本、輪ゴムで束ねてください。
　　　　　②鉛筆を5本、輪ゴムで束ねてください。
　　　　　③クリップをビニール袋に入れてください。
　　　　　④机の上に並べてください。

〈時 間〉　5分

問題10　分野：行動観察

〈準 備〉　濡らすとくっつくスポンジ（適宜）
　　　　　※この問題は2人で行なう。

〈問 題〉　この問題の絵はありません。
　　　　　相談してから、スポンジで家を作ってください。

〈時 間〉　適宜

〈解 答〉　省略

家庭学習のコツ②　「家庭学習ガイド」はママの味方！

問題演習を始める前に、試験の概要をまとめた「家庭学習ガイド（本書カラーページ
に掲載）」を読みましょう。「家庭学習ガイド」には、応募者数や試験課目の詳細の
ほか、学習を進める上で重要な情報が掲載されています。それらの情報で入試の傾向
をつかみ、学習の方針を立ててから、対策学習を始めてください。

〈準　備〉　なし

〈問　題〉　**この問題の絵はありません。**
　　　　　　※志願者への質問
　　　　　　・今日はここへどうやって来ましたか。
　　　　　　・１番仲のよいお友だちを教えてください。
　　　　　　・お友だちと何をして遊びますか。
　　　　　　・家族の好きなところを教えてください。
　　　　　　・お休みの日は何をしていますか。
　　　　　　・お手伝いはしていますか。
　　　　　　・家族で出掛けて楽しかったところはどこですか。
　　　　　　・何かスポーツはしていますか。
　　　　　　・嫌いな食べ物はありますか。

　　　　　　※保護者への質問
　　　　　　・宣言発令後の生活で変化はありましたか。
　　　　　　・どのような形で働かれていましたか。
　　　　　　・志願理由をお聞かせください。
　　　　　　・子育てについて困ったことを聞かせてください。
　　　　　　・子どもが自分に似ているところはありますか。
　　　　　　・子育てでうまくいかないことはありますか。
　　　　　　・当校に通学する時、どういった経路を予定していますか。
　　　　　　・好き嫌いに関してはどのように教育されていますか。

〈時　間〉　約15分

家庭学習のコツ③　効果的な学習方法～問題集を通読する

過去問題集を始めるにあたり、いきなり問題に取り組んではいませんか？　それでは
本書を有効活用しているとは言えません。まず、保護者の方が、すべてを一通り読
み、当校の傾向、ポイント、問題のアドバイスを頭に入れてください。そうすること
により、保護者の方の指導力がアップします。また、日常生活のさまざまなことか
ら、保護者の方自身が「作問」することができるようになっていきます。

① ② ③ ④

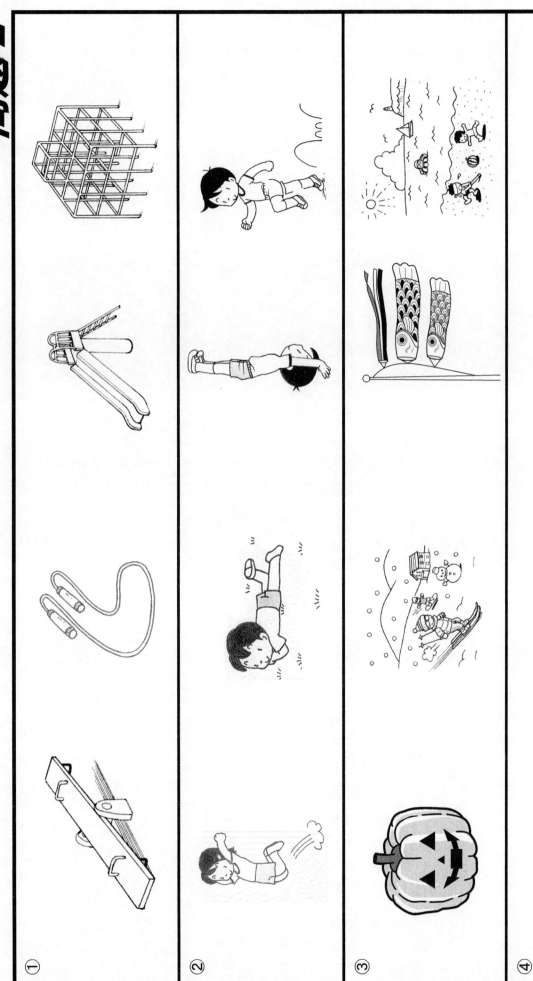

① ② ③ ④

2022年度　早稲田実業学校初等部　過去　無断複製／転載を禁ずる　日本学習図書株式会社

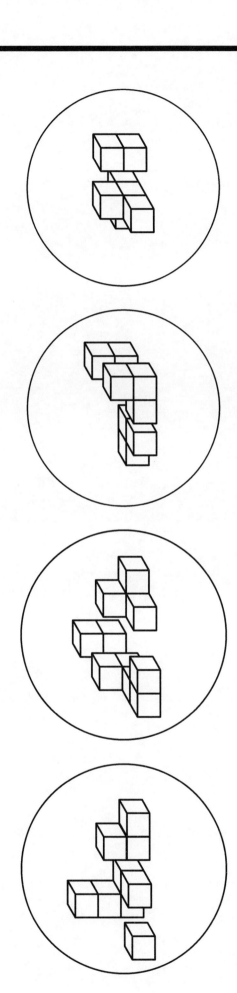

2022 年度　早稲田実業学校初等部　過去　無断複製／転載を禁ずる　　　　　　　　　　日本学習図書株式会社

問題 4

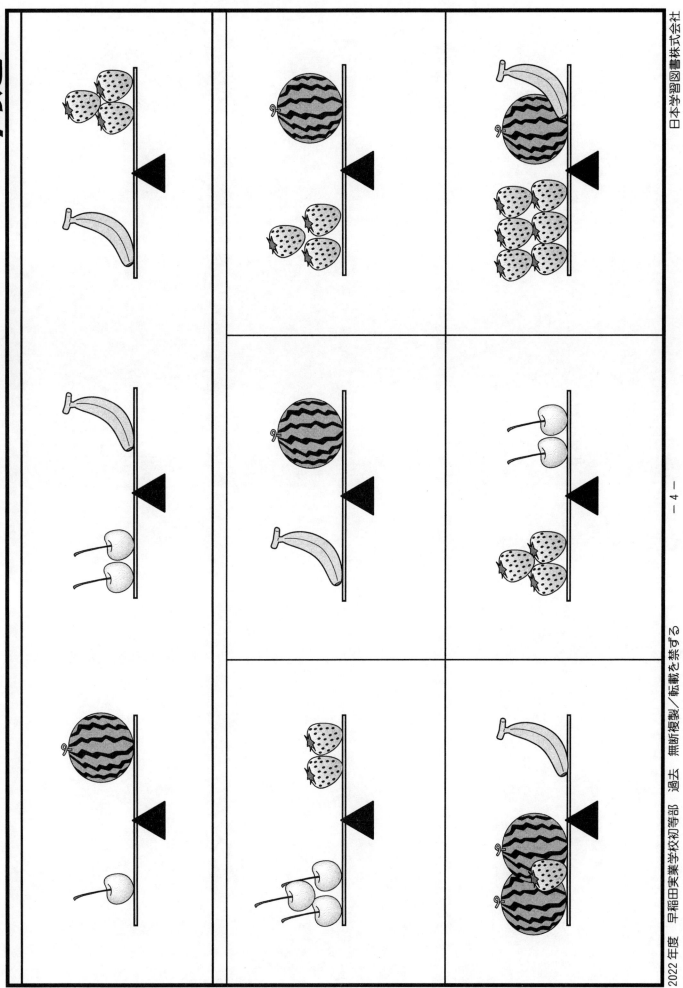

2022 年度　早稲田実業学校初等部　過去　無断複製／転載を禁ずる　　日本学習図書株式会社

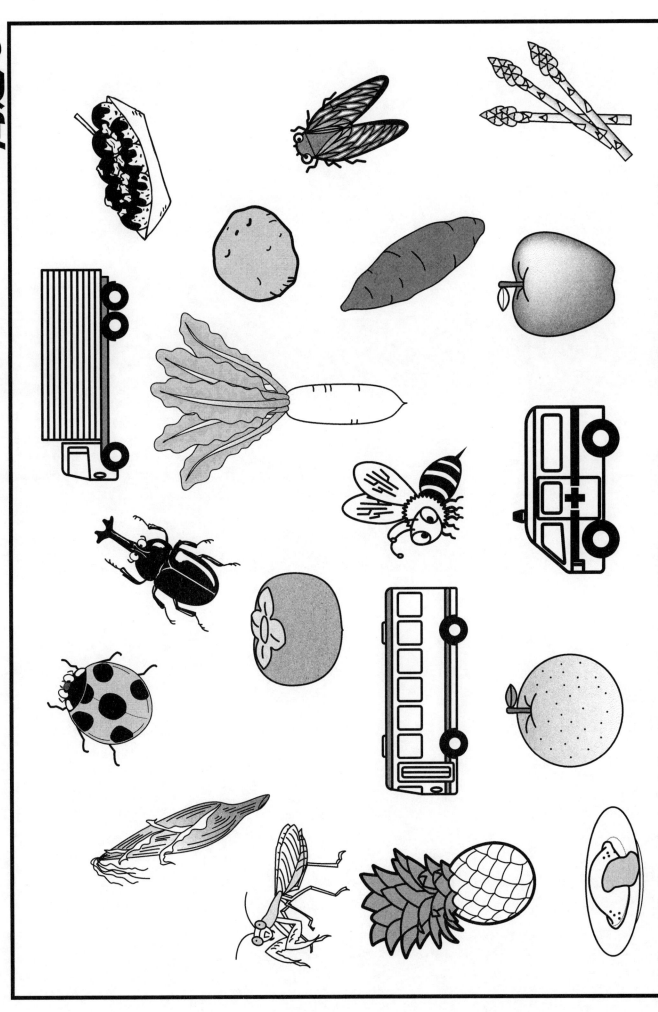

日本学習図書株式会社

2022年度　早稲田実業学校初等部　過去　無断複製／転載を禁ずる

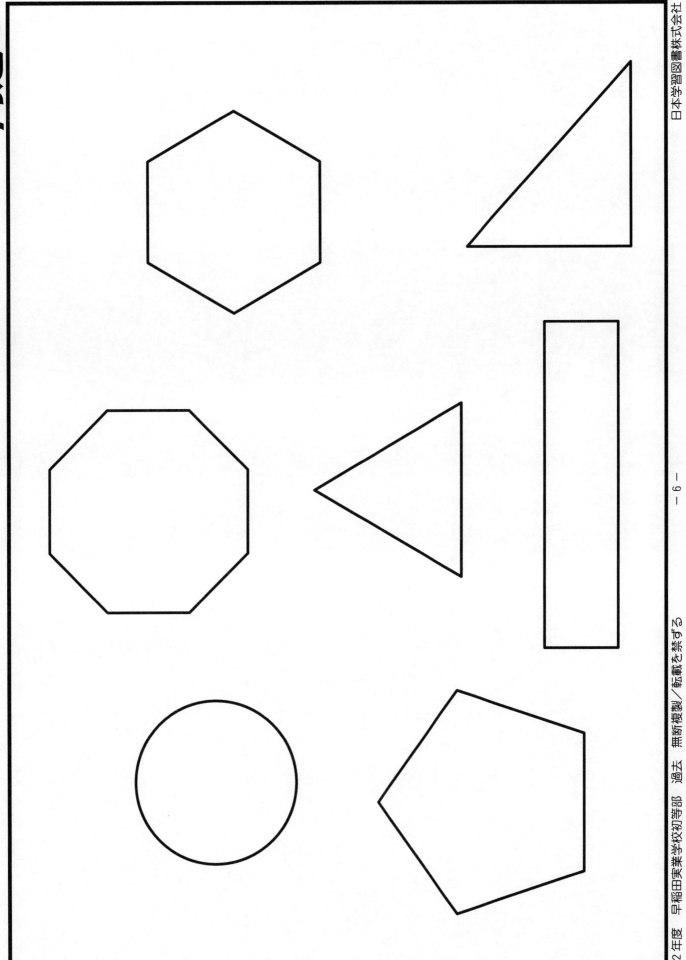

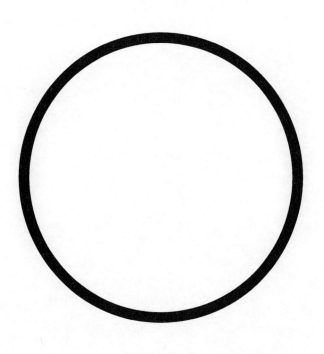

2022 年度　早稲田実業学校初等部　過去　無断複製／転載を禁ずる　日本学習図書株式会社

解答例では、制作・巧緻性・行動観察・運動といった分野の問題の答えは省略しています。こうした問題では、各問のアドバイスを参照し、保護者の方がお子さまの答えを判断してください。

問題1　分野：記憶（お話の記憶）

〈解答〉 ①右端（スコップ）　②右から2番目（浮き輪）　③左端（サル）
④左から2番目（ヒマワリ）

当校のお話の記憶は「誰が」「何を」といった、お話を聞いていればわかる設問が多いので、特別な対策は必要はありません。日々の読み聞かせを習慣にすれば自然とストーリーのポイントは押さえられるようになります。後はお話を聞き続けるだけの集中力と年齢なりの語彙を身に付ければ、時間内に正解できるでしょう。ただし時折出題される、ストーリーに関係のない問題には注意してください。「お話の季節と同じ季節の絵を選べ」といった常識問題は、志願者の年齢なら知っておいてほしい「常識」を聞く問題です。これを間違えると「お話は理解できるが、年齢相応の知識がない」「準備が充分ではない」といった評価をされかねないのです。

【おすすめ問題集】
　1話5分の読み聞かせお話集①・②、1話7分の読み聞かせお話集入試実践編①
　お話の記憶 初級編・中級編・上級編、Jr・ウォッチャー19「お話の記憶」、
　34「季節」

問題2　分野：記憶（お話の記憶）

〈解答〉　①右端（ジャングルジム）　②左から2番目（寝そべる）
　　　　　③右から2番目（こいのぼり）　④○：3

「だるまさんの1日」という遊びを説明したお話が題材になっています。あまり小学校受験では聞かないタイプのお話なので、驚いたお子さまも多かったのではないでしょうか。ただし内容としてはそれほど難しくはないので、前述のようにストーリーのポイントを押さえられればそれほど苦労はしなかったはずです。もし、お子さまが難しかったというなら、「情報を整理しながらお話を聞く」という方法を試してみてください。難しいことではありません。例えば「みのるくんが寝転んだ」という文章が読まれたら、それを復唱するだけでよいのです。復唱するだけで、場面がイメージでき、情報が整理されるので、お話の内容が記憶に残るようになります。

【おすすめ問題集】
　1話5分の読み聞かせお話集①・②、1話7分の読み聞かせお話集入試実践編①
　お話の記憶　初級編・中級編・上級編、Jr・ウォッチャー19「お話の記憶」、
　34「季節」

問題3　分野：数量（積み木）

〈解答〉　下図参照

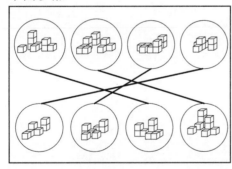

積み木の数をかぞえるという基本的な数量分野の問題です。当たり前の話ですが、積み木を絵の通り並べれば答えはすぐに、誰にでもわかります。ではなぜ、わざわざ問題になっているかと言うと、絵になると積み木を指折りかぞえただけでは答えの出ない、もしくは勘違いしてしまうからです。勘違いするとすれば、「ほかの積み木の陰に隠れた積み木を数え忘れる」ことです。単純なかぞえ間違いはこれしかありません。落ち着いてかぞえるのはもちろんのことですが、答えを出した後にもう一度、かぞえ忘れがないか確かめてみましょう。

【おすすめ問題集】
　Jr・ウォッチャー14「数える」、16「積み木」

〈 解 答 〉　下図参照

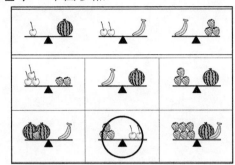

シーソーの問題は当校入試では時折出題されるので、基本的な考え方は頭に入れておきましょう。それほど複雑なことではありません。①基準になるものを決める（この時シーソーに登場している回数が多いものするとわかりやすくなります）。②ほかのものを基準にしたものに置き換える。③比較する。これだけです。この問題では、①上の四角のシーソーにサクランボが2回登場しているのでサクランボを基準にします。②シーソーを見るとサクランボ＝スイカ、サクランボ2個＝バナナとなっているので、この関係で置き換えます。③下の四角にあるスイカやバナナをサクランボに置き換えて比較します。慣れてくるとすぐに答えがわかるようになりますが、それまではステップを踏んで答えを出すようにして方がよいでしょう。ケアレスミスが減ります。

【おすすめ問題集】
　　Ｊｒ・ウォッチャー33「シーソー」

問題5　分野：言語（言葉の音）

〈 解 答 〉　下図参照

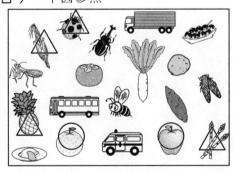

基本的な言葉の音に関する問題です。指示を守って答えるようにしましょう。特に注意することはありませんが、記号を取り違えたりしないようにしてください。なお、昨年の私立小学校入試では言語分野の出題が増えています。社会情勢的なこともあるのでコミュニケーションが重視されたのかもしれません。何にせよ、言語とそれを使うコミュニケーションは入学後にもっとも必要になってくるものです。受験対策の学習としてだけでなく、将来の学習のためにも人と話すという経験を積んでおいた方がよいでしょう。

【おすすめ問題集】
　　Ｊｒ・ウォッチャー60「言葉の音（おん）」

問題6 分野：図形（図形分割）

〈 解 答 〉　下図参照

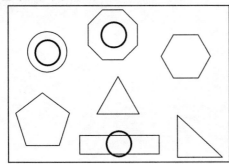

シンプルですがすぐには答えの出ない、よく考えられた問題です。まず、問題が聞いているのは「定規などを使わないで図形を8等分できるか」ということです。これは図形分野の問題をある程度やっておかないとパッとはわからなかったかもしれません。次に「8等分すること」＝「対角線などの補助線を引いて図形が8等分できるか」ということがひらめくかどうかです。これも図形分野の問題やタングラムのような図形パズルに親しんでいないとなかなか思いつかないことでしょう。どうしてそうなるかという知識はこの段階では必要ないので、保護者の方が実際に保護者の方が補助線を引きながら、お子さまに説明してください。理解が深まります。

【おすすめ問題集】
　Ｊｒ・ウォッチャー45「図形分割」

問題7 分野：制作（想像画）

昨年の入試ではグループでの行動観察ができたなかったせいか、この問題のように、絵を描く→絵についての質問というパターンの制作問題が多かったようです。口頭試問でお子さまにどれくらいののびしろがあるか評価しようというわけです。質問の内容はある程度は決まっていて、「それは何か」「なぜそれなのか」という質問です。作業をしながらある程度答えを考えておけば、質問に対して余裕を持った対応ができるでしょう。なお、絵の出来についてはそれほど評価の対象にはなりません。年齢なりに何が描かれているかがわかれば充分です。

【おすすめ問題集】
　実践　ゆびさきトレーニング①②③、Ｊｒ・ウォッチャー22「想像画」

問題8　分野：制作

紙粘土を使った制作の課題です。「生きているもの」という指示はありますが、ほぼ自由制作と考えてよいでしょう。作品の出来については前問と同じく、それほど気を使う必要はありません。ただし、何が作ってあるかはわかった方が質問に対して答えやすくなります。粘土や紙粘土で何かを作るという課題は時折出題されるので、1度練習しておきましょう。後片付けを含めて、その扱いを覚えることができます。

【おすすめ問題集】
　　実践　ゆびさきトレーニング①②③

問題9　分野：行動観察（巧緻性）

例年出題されている生活巧緻性の課題ですが、本年度はこのような形で簡略化されたものになりました。特に練習をしておかないとできないというものではないので、指示をよく聞き、その通りに行えば問題なく行えたのではないでしょうか。おそらくですが、今回の試験なのでこの形になった思われます。社会情勢にもよりますが、次回の入試では例年通りの複雑で指示の細かい巧緻性（器用さ）を要求される課題に戻るでしょう。とは言っても、着替えや整理整頓などふだんの生活で行っていることが課題になることには変わりないので、ふだんの生活でそういったことをスムーズに行えるように練習しておけば充分な対策になります。

【おすすめ問題集】
　　実践ゆびさきトレーニング①②③、Ｊｒ・25「生活巧緻性」、29「行動観察」、
　　30「生活習慣」

問題10　分野：行動観察

風呂や台所で使われるスポンジで少し水を含ませるとお互いがくっつくというものを使った課題だそうです。ポイントは「2人で相談してから」というところでしょう。どんな形でもよいので自分の意見を言い、相手の話を聞く、つまりコミュニケーションがとれるかというところが注目されているのです。当校の入試のペーパーテストは基礎的な問題がほとんどで対策を取っていればそれほど差が付くものではありません。それだけにこうした課題でも学力以外の部分が評価されるので、「学力以外の部分に問題がないこと」、「年齢相応のものがあること」を見せておくべきでしょう。

【おすすめ問題集】
　　Ｊｒ・ウォッチャー29「行動観察」

例年通り２次試験で行われた面接です。保護者への質問より、お子さまへの質問の方が多い点も変わっていません。密を避けるという意味で、昨年よりも人と人のスペースは間が空いていたようですが、配置もほぼ変わらなかったようです。両親の働き方や環境、経済状態など、今年ならではの質問もあったようですが、概ね例年通りということです。家庭環境・教育方針・当校との相性など聞かれることは特に変わったものはないので、準備をしておけばスムーズに答えられるのではないでしょうか。なお、早稲田実業の校是「去華就実」、校訓「三敬主義」について聞かれることがあるようです。一応頭に入れておいてください。

【おすすめ問題集】
面接テスト問題集、保護者のための入試面接最強マニュアル

早稲田実業学校初等部　専用注文書

年　月　日

合格のための問題集ベスト・セレクション

＊入試頻出分野ベスト3

1st お話の記憶	2nd 図形	3rd 制作
集中力　聞く力	観察力　思考力	聞く力　話す力　創造力

受験者数はこの状況でも増え、基礎学力を観る1次試験の合格のボーダーラインは高く、ミスのできない入試になっています。面接以外の場面でもコミュニケーション力が必要です。

分野	書　名	価格(税込)	注文	分野	書　名	価格(税抜)	注文
図形	Jr・ウォッチャー4「同図形探し」	1,650 円	冊	数量	Jr・ウォッチャー41「数の構成」	1,500 円	冊
図形	Jr・ウォッチャー8「対称」	1,650 円	冊	数量	Jr・ウォッチャー42「一対多の対応」	1,650 円	冊
記憶	Jr・ウォッチャー19「お話の記憶」	1,650 円	冊	数量	Jr・ウォッチャー43「数のやりとり」	1,650 円	冊
巧緻性	Jr・ウォッチャー22「想像画」	1,650 円	冊	図形	Jr・ウォッチャー48「鏡図形」	1,650 円	冊
巧緻性	Jr・ウォッチャー24「絵画」	1,650 円	冊	図形	Jr・ウォッチャー53「四方からの観察　積み木編」	1,650 円	冊
巧緻性	Jr・ウォッチャー25「生活巧緻性」	1,650 円	冊	図形	Jr・ウォッチャー54「図形の構成」	1,650 円	冊
運動	Jr・ウォッチャー28「運動」	1,650 円	冊	推理	Jr・ウォッチャー57「置き換え」	1,650 円	冊
行動観察	Jr・ウォッチャー29「行動観察」	1,650 円	冊		実践 ゆびさきトレーニング①②③	2,750 円	各　冊
行動観察	Jr・ウォッチャー30「生活習慣」	1,650 円	冊		面接テスト問題集	2,200 円	冊
推理	Jr・ウォッチャー33「シーソー」	1,650 円	冊		1話5分の読み聞かせお話集①②	1,980 円	各　冊
数量	Jr・ウォッチャー37「選んで数える」	1,650 円	冊		1話7分の読み聞かせお話集入試実践編①	1,980 円	冊
数量	Jr・ウォッチャー38「たし算・ひき算1」	1,650 円	冊		新 個別テスト・口頭試問問題集	2,750 円	冊
数量	Jr・ウォッチャー39「たし算・ひき算2」	1,650 円	冊		新 運動テスト問題集	2,320 円	冊
数量	Jr・ウォッチャー40「数を分ける」	1,650 円	冊				

合計		冊	円

（フリガナ）	電　話
氏　名	FAX
	E-mail

住　所　〒　　　－	以前にご注文されたことはございますか。
	有　・　無

日本学習図書株式会社
http://www.nichigaku.jp

問題12 分野：記憶（お話の記憶）

〈準 備〉 鉛筆（赤・青）

〈問 題〉 これからお話をします。よく聞いて、後の質問に答えてください。
ユウトくんの家では、日曜日のお昼に庭でバーベキューをすることになりました。弟のレンくんが昨日の夜、「バーベキューがしたい」と言ったからです。ユウトくんはお父さんがバーベキュー台の準備をしているのをボーッと見ていると、お母さんが「ナスを洗っておいて」と言って、目の前にナスを3本置きました。ユウトくんはレンくんを連れて台所に行き、ナスを洗ってお母さんに渡しました。しばらくするとお父さんの「準備ができたぞ」と言う声が聞こえたので、庭に行くとビーチパラソルの下にバーベキュー台やテーブル、椅子などが並べられていました。ユウトくんが椅子に座わると、お母さんが「お肉を並べておいて」と、お肉のたくさん載ったお皿と長いお箸を渡しました。ユウトくんはお肉の焼け具合を見ながら、最初におにぎりを食べました。お肉が焼けたので食べようとすると、お母さんが「こっちを先に食べなさい」と横で焼けているナスを指差したのでユウトくんは1つ取ってしぶしぶ食べました。あまり好きではないのです。みんなで食べていると、晴れていた空が急に暗くなってきました。いつの間にかセミの鳴き声も止んでいます。「雨が降りそうだな」とお父さんが言い、急いで片付けることになりました。途中でカミナリが鳴って雨が降り出しましたが、なんとか片付け終わることができました。その後、家に入りみんなでスイカを食べました。ユウトくんの大好物のスイカは甘くて美味しかったのでとてもうれしくなりました。

（問題12の絵を渡す）
①ユウトくんがバーベキューで最初に食べたものはどれですか。
　赤鉛筆で○をつけてください。
②ユウトくんの好きなものはどれですか。
　青鉛筆で○をつけてください。
③バーベキューをしていた時の天気はどのようになりましたか。
　青鉛筆で○をつけてください。
④お話の季節はいつですか。同じ季節に咲く花を選んで、赤鉛筆で○をつけてください。

〈時 間〉 各30秒

〈解 答〉 ①右から2番目（オニギリ）　②右端（スイカ）
　　　　　③左　④右端（アサガオ）

[2020年度出題]

家庭学習のコツ④ **効果的な学習方法～お子さまの今の実力を知る**

1年分の問題を解き終えた後、「家庭学習ガイド」に掲載されているレーダーチャートを参考に、目標への到達度をはかってみましょう。また、あわせてお子さまの得意・不得意の見きわめも行ってください。苦手な分野の対策にあたっては、お子さまに無理をさせず、理解度に合わせて学習するとよいでしょう。

当校のお話の記憶は、日常生活の一場面を描いたものが多いようです。似たような経験があれば、お子さまにとってはわかりやすく、記憶もしやすいでしょう。しかし、変わったものが登場しない、お話に突飛な展開がない、ということはお子さまにとっては印象に残りにくいということでもあります。当校の問題を解いて、話の流れはわかっているのに、肝心の問題で聞かれていることが思い出せない、ということがあるのはそのことに関係があるかもしれません。お話を聞くことに慣れてくると自然にお話の場面がイメージでき、「〜が〜個あった」「誰が〜した」といった細かい点も記憶できるのですが、まだその段階ではないというお子さまは以下のような練習をしてください。①お話に出てくる人・ものを復唱しながら聞く。②お話を聞いた後に自分で問題を作る。③簡単でよいのでお話の一場面を絵にしてみる。いずれもお話に含まれる情報を整理するためのテクニックです。

【おすすめ問題集】
　1話5分の読み聞かせお話集①・②、1話7分の読み聞かせお話集入試実践編①
　お話の記憶　初級編・中級編・上級編、Ｊｒ・ウォッチャー12「日常生活」、
　19「お話の記憶」

問題13　分野：記憶（お話の記憶）

〈準　備〉　鉛筆（赤・青）

〈問　題〉　これからお話をします。よく聞いて、後の質問に答えてください。
　　　　　　リンちゃんは、お父さんと、お母さんと、お姉さんと一緒に水族館に行きます。朝起きると、お母さんがサンドイッチを作っています。「お弁当に持って行くのよ、リュックサックの中に入れておいてね」とお母さんはリンちゃんにサンドイッチの入ったランチボックスを渡しました。リュックサックにサンドイッチと双眼鏡を入れていると、お父さんが「双眼鏡はいらないよ」と言ったので、リンちゃんは家に置いていくことにしました。外に出るとしとしと雨が降っています。それを見たお母さんが「お弁当は水族館の中で食べましょう」と、言いました。
　　　　　　リンちゃんの家族は、車で水族館に行きました。水族館に入ると、最初の水槽に丸くて白いものがふわふわ浮かんでいました。「あれはなに？」とお姉さんに聞くと、お姉さんが「あれはクラゲよ」と教えてくれました。次に、大きな水槽を見に行くと大きな魚がすごく速いスピードで泳いでいます。リンちゃんが驚いて見ているとお父さんが「あれはマグロという魚だよ。とても美味しいんだよ」と言いました。最後にリンちゃんたちはイルカのショーを見ました。4頭のイルカが水から飛び出して、回ったり、輪をくぐったりしています。それを見ながら「水族館ってとっても楽しいところなんだね」と、リンちゃんはとても喜んでいました。

　　　　　　（問題13の絵を渡す）
　　　　　　①リンちゃんたちはお昼に何を食べましたか。絵に赤鉛筆で○をつけてください。
　　　　　　②水族館に行った日の天気はどれでしょうか。青鉛筆で○をつけてください。
　　　　　　③リンちゃんの家族は何に乗って水族館にいきましたか。赤鉛筆で○をつけてください。
　　　　　　④お話に出てこなかった動物を選んで、青鉛筆で○をつけてください。

〈時　間〉　各30秒

〈解　答〉　①右端（サンドイッチ）　②左から2番目（雨）
　　　　　　③右から2番目（車）　④左端（ペンギン）

［2020年度出題］

当校のお話の記憶は、「お話に登場したものを選びなさい」といった基本的な出題がほとんどです。お話の内容の流れを押さえていれば答えられる問題ばかりが出題される、と言ってもよいでしょう。この出題傾向から考えると、観点は知識量や記憶力の優秀さではなく、お話の流れを押さえられるだけの語彙と理解力のあるなしです。保護者の方も「ふつうに理解できていればよい」程度の見方で、お子さまの答えと答える過程をチェックしてください。ただし、当校は難関校ですからこの程度の問題で間違えていると合格点に達しません。勘違いや記憶の混乱が原因の誤答をしないように、ある程度は情報を整理して覚える、場面を思い浮かべるなどの工夫は必要ですし、同じような問題を解き、正確に答えたという経験がないと、よい結果も期待できないでしょう。

【おすすめ問題集】
　　1話5分の読み聞かせお話集①・②、1話7分の読み聞かせお話集入試実践編①
　　お話の記憶　初級編・中級編・上級編、Jr・ウォッチャー12「日常生活」、
　　19「お話の記憶」

問題14　分野：数量（数の構成）

〈準　備〉　鉛筆（赤）

〈問　題〉　上の段を見てください。四角に描いてあるサイコロの目の数の合計は「10」です。下の段のいくつかの四角に描いてあるサイコロの目の数の合計が「10」のものに○をつけてください。

〈時　間〉　30秒

〈解　答〉　○：上段真ん中、下段左端

[2020年度出題]

 学習のポイント

数量の基本的な問題です。四角に描いてあるサイコロの目の数を素直にたしていけば答えはわかるので、単に答えを出すためという意味でのアドバイスはありません。ただし、解答時間が30秒しかない、難関校の入試ということで間違えてもダメということですから、ある程度の準備は必要です。例えば、10以下の数であれば、指折り数えることなくいくつのものがあるかがわかる、といった感覚を養っておくことは必要ではないでしょうか。ここでは3つのサイコロの目の数の合計を一目で判別しないと、時間内にしかも正しく答えることはできないはずです。買い物をしてお金を払う時、友だちとおやつを分ける時など、何かを数える機会を利用して、この感覚を身に付けておきましょう。同じような問題を解くのも1つの方法ですが、生活の中にもそういった感覚を養える場面は多いでしょう。

【おすすめ問題集】
　　Jr・ウォッチャー38「たし算・ひき算1」、39「たし算・ひき算2」、
　　41「数の構成」

問題15 分野：図形（鏡図形）

〈準　備〉 鉛筆（赤）

〈問　題〉 1番上の段を見てください。左端の四角に描いてあるものを矢印の方向にパタンとひっくり返すとどのようになるでしょう。右の四角から正しいものを選んで、○をつけてください。下の段も同じよう答えてください。

〈時　間〉 各30秒

〈解　答〉 ①○：左から2番目　②○：右から2番目　③○：右端　④○：右から2番目

[2020年度出題]

 学習のポイント

昨年と同じく鏡図形の問題が出題されています。解き方は、「（図形を）パタンとひっくり返すと、〜のようになるとイメージする」しかありません。見本の図形が鏡に映ったらどのようになるかを思い浮かべ、それと選択肢の図形と見比べ矛盾のないものが正解になる、ということです。慣れてくると、図形の中で、鏡に映ると変わる部分、つまり左右が反転する部分がわかるようになってきます。そうするとチェックしなくてはならない部分が限定され、正解の選択肢も自然と見つかるようになるでしょう。避けたいのは、そうした理屈をよく理解しないで、テクニックやハウツーを覚えてしまうことです。例えば、（鏡図形の問題で）「絵を裏から見ると正解の図形（鏡図形）がある」ということだけを教えられたとします。そうするとお子さまはそれ以上のことは覚えず、考えなくなり、必死に紙の裏から図形を見ようとするでしょう。それでは、応用も利きませんし、これから先の学習にもつながりません。

【おすすめ問題集】
Ｊｒ・ウォッチャー8「対称」、48「鏡図形」

問題16 分野：複合（推理・図形）

〈準　備〉 鉛筆（赤）

〈問　題〉 ①上の段を見てください。この形の中で、白と黒が同じ大きさのものを選んで、○をつけてください。
②下の段を見てください。左の四角に描いてある形は、白と黒で塗り分けたひし形をいくつか組み合わせたものです。右の四角の中から同じ数のひし形で作られた形を選んで、○をつけてください。

〈時　間〉 各30秒

〈解　答〉 ①○：右端　②○：真ん中

[2020年度出題]

 学習のポイント

①は推理分野の問題です。解き方はさまざまですが、白い部分と黒い部分が線対称になっている図形を探す、という方法が効率がよいでしょう。それがどうして正解を探すことになるのかわからない、というお子さまにはイラストを切り取って２つに折って見せながら、説明してください。基礎をもう一度です。②は図形の問題に見えますが、実際には数量の問題として解いた方が答えが早く出ます。それぞれの形に使われているひし形の数を数えれば特に考えることもないでしょう。①②に共通するのは解き方が複数あり、どの方法を取るかで答えを出す時間が変わってくるということです。最適な判断は、残念ながら経験によって導かれるもので、どんなお子さまでもある程度の訓練が必要です。図形や推理分野の問題は特にその傾向が強いので、とにかく経験を積んでいきましょう。

【おすすめ問題集】
　　Ｊｒ・ウォッチャー４「同図形探し」、８「対称」

問題17　分野：推理（観覧車）

〈準　備〉　鉛筆（赤）

〈問　題〉　動物たちが観覧車に乗りました。今、矢印の方向へ、キツネさんがネズミさんの乗っている場所まで回った時、☆と★の場所にはどの動物が来ますか。それぞれ下の絵から選んで、○をつけてください。

〈時　間〉　１分

〈解　答〉　☆：ネズミ　　★：クマ

[2020年度出題]

 学習のポイント

キツネさんがネズミさんのところまで行くには、時計回りに３つ進みます。つまり、動物たち全員が時計回りに３つ進むということです。その結果、☆のところに来る動物はネズミさんになります。観覧車の問題で進んだ後の位置を考えるには、逆回りに同じ数だけ戻してみると良いことがわかります。時計回りに３つ進んだ時に、★に来る動物は、★の位置から反時計回りに３つ戻ったところにいるクマさんです。以上のような考え方をすればよいのですが、ここでも考えずにハウツーを使わないようしてください。印を付ける、指で押さえていくといった方法がありますが、なぜそうなるかがわかっていなければ、作業をしているのと同じです。あまり意味はありません。

【おすすめ問題集】
　　Ｊｒ・ウォッチャー50「観覧車」

問題18　分野：制作（課題画）

〈準　備〉　クレヨン、画用紙

〈問　題〉　この問題の絵はありません。
「あなたがドキドキワクワクした時の顔」を描いてください。
（絵を描いた後で）
・「何にドキドキワクワクしているのですか」
・「どうしてドキドキワクワクしているのですか」
　などの質問を試験官が行なう。

〈時　間〉　10分

〈解　答〉　省略

[2020年度出題]

 学習のポイント

当校入試の定番となりつつある制作課題です。別グループでは同様の形式で、「あなたの好きな動物」「可愛いと思う動物」「『よいしょ』と言っている時の顔」「『ごめんなさい』と言っている時の顔」の絵を描くといった課題が出題されています。こういった課題では絵を描くことにお子さまは集中しがちですが、観点はコミュニケーション能力です。絵を描く技術やセンスは年齢相応のものがあれば大丈夫ですから、それほど気にすることはないのです。むしろ、保護者の方はお子さまが質問を理解し、それにそった答えが言えているかを気にしてください。制作に夢中になって受け答えがおろそかになると、コミュニケーションが取れない、と評価されるかもしれません。なお、答えの内容は常識を疑われるものでなければ、特に問題にされることはありません。

【おすすめ問題集】
　実践　ゆびさきトレーニング①②③、Ｊｒ・ウォッチャー22「想像画」、
　24「絵画」、29「行動観察」

問題19　分野：制作

〈準　備〉　青色の紙テープ（30cm、2本）、ハサミ

〈問　題〉　（問題19-1の絵を見せ、問題19-2の絵を渡して）
今からお手本を見せますので、それをよく見てから同じものを作ってください。
①縦の点線で紙を折ります。
②横に3本の線のある場所にハサミで切り込みを入れます。
③折った紙を元に戻して、その紙に1本目の紙テープをこのように通します。
④2本目の紙テープをこのように通します。

〈時　間〉　10分

〈解　答〉　省略

[2020年度出題]

 **学習のポイント**

当校入試では珍しい絵画制作以外の制作課題です。絵画制作のように、制作後の質問があるわけではないので、「言われたことをその通りに行う」という対応で問題ないでしょう。指示はやや複雑ですが、当校入試を臨む志願者なら、手順を一度で覚えてほしいところです。また、よほど失敗しない限り、完成したものの出来に差は付かないタイプの工作ですから、作業の1つひとつに神経質になる必要はありません。素直に作業を行えば悪い評価はされないはずです。忘れがちなのは道具の後片付けなどマナーについてでしょう。グループ制作ではありませんが、教室で20人程度が同じ作業を行いますから、制作後の机が乱れていたりすると目立ちます。そんなところで悪い評価を受けるのは損ですから、作業に集中した後は、切り替えて道具の片付けや作品の提出などをていねいに行ってください。

【おすすめ問題集】
　Jr・ウォッチャー23「切る・貼る・塗る」、29「行動観察」、
　実践　ゆびさきトレーニング①②③

問題20　分野：行動観察（巧緻性）

〈準　備〉　ハンガー、衣装スタンド、スモッグ、リュックサック（中にホッチキス、バラバラに入れてある色鉛筆・絵の具、鉛筆、消しゴム、ノートなどが入れてある）、道具箱、机、イス、リュックサック
　　　　　※道具箱は机の物入れにあらかじめ入れておく

〈問　題〉　この問題の絵はありません。
　　　　　これから私（出題者）の言うとおりにしてください。
　　　　　①ハンガーに掛けてあるスモッグを着てください。
　　　　　②服の後ろについているひもをちょうちょ結びで留めてください。
　　　　　③自分のゼッケンと同じ番号の書かれたリュックサックを棚から取ってきてください。
　　　　　④リュックサックを開け、中にはいっているものを机の中にある道具箱にしまってください。
　　　　　⑤スモッグを脱ぎ、元あったようにハンガーに掛けてください。

〈時　間〉　5分

〈解　答〉　省略

[2020年度出題]

 **学習のポイント**

例年出題されている生活巧緻性の課題です。かなり複雑な手順を踏みますので、先生からの説明をよく聞いておかないと混乱してしまいそうです。課題の1つひとつはそれほど難しいものではありませんが、制限時間がある中で、5つ以上の作業を連続して行うのですから無理もありません。こういった課題でよく見られるのが、日常では無難に行えることでも緊張してあわてたり、考えられない失敗をしてしまう志願者です。こういったお子さまには「きちんとやりなさい」というような結果を求めるようなことを言うと、さらにプレッシャーを感じて混乱してしまいます。つまり、指導すると萎縮して、さらに失敗を重ねるといった傾向がうかがえるお子さまには「指示を聞く」「全体の流れを自分なりに把握する」「1つひとつを確実に行う」といったように課題への対応をテーマごとに切り分けて指導をしてみましょう。多少は結果は改善されるはずです。

【おすすめ問題集】
　　実践ゆびさきトレーニング①②③、Ｊｒ・25「生活巧緻性」、29「行動観察」、
　　30「生活習慣」

問題21　分野：行動観察・運動

〈準　備〉　ボール、バンダナ（4枚）、ビニールテープ（適宜）、ハサミ
　　　　　　※この問題は4人のグループで行なう。

〈問　題〉　この問題の絵はありません。
　　　　　　①先生がした通りに真似してください（キリン、サル、ライオンなどのポーズ
　　　　　　　をする）。
　　　　　　②これから「ボール運び」をします。バンダナを筒のように丸めてから、2本
　　　　　　　をテープでつなげてください。
　　　　　　③その端を対面する2人で持ち、2本のバンダナの間に落ちないようにボール
　　　　　　　を置きます。

〈時　間〉　適宜

〈解　答〉　省略

[2020年度出題]

 学習のポイント

①は行動観察前の準備運動として行なわれる運動です。模倣体操が行なわれることが多いようです。②以降は行動観察です。グループで行われる課題ですから、協調性、つまりほかの志願者と役割分担をしながら目的をスムーズに実行することが主な観点になっています。実際の評価項目は、「（ほかの志願者と）とトラブルを起こしていないか」「積極的に行動しているか」「指示を理解しているか」といったものですから、ほとんどのお子さまには「ふだん通りにしていればよい」とアドバイスしておけば問題ないでしょう。丸めた2本のバンダナをロープのように使いボールを運ぶ、という課題ですが、口で言うほど難しいものではありません。積極的に元気よくできていれば悪いは評価にはなりません。

【おすすめ問題集】
　　新運動テスト問題集、Ｊｒ・ウォッチャー28「運動」、29「行動観察」

〈準　備〉　ドッジボール（３個）と積み木（10～15程度）

〈問　題〉　この問題の絵はありません。
※この問題は５人のグループで行なう。
　あらかじめ、ボールと積み木をグループの前にランダムに置いておく。

眼の前にある道具を使ってゲームを考えてください。
・「ゲームのルールを教えてください」
・「（ゲームは）楽しいですか」
　などの質問を試験官が行なう。

〈時　間〉　適宜

〈解　答〉　省略

[2020年度出題]

 学習のポイント

ゲームを作る姿勢は「積極的」「消極的」といった評価をされますが、その内容について重要視されているわけではありません。ゲームが成立していれば問題ないでしょう。また、こういった課題では、目立とうとして「場を仕切ろう」とする志願者が時々いますが、ほかの志願者の意見をよく聞かなかったり、指示を守っていなかったりすれば「悪目立ちする」ことになってしまいます。学校は「リーダー」ばかりを入学させたいと思っているわけではないので、強引なコミュニケーションを取る志願者に良い評価はしないこともあります。試験前のお子さまには、「叱られるようなことはしない」「ほかの志願者に思いやりを持って行動する」といったアドバイスをしておけばよいでしょう。そうすればこうした行動観察で悪目立ちはしないはずです。

【おすすめ問題集】
　Ｊｒ・ウォッチャー25「生活巧緻性」、29「行動観察」

問題23　分野：面接（親子）

〈準　備〉　なし

〈問　題〉　**この問題の絵はありません。**
※志願者への質問
・今日はここへどうやって来ましたか。
・１番仲のよいお友だちを教えてください。
・お友だちと何をして遊びますか。
・家族の好きなところを教えてください。
・お休みの日は何をしていますか。
・お手伝いはしていますか。
・家族で出掛けて楽しかったところはどこですか。
・何かスポーツはしていますか。
・嫌いな食べ物はありますか。

※保護者への質問
・志願理由をお聞かせください。
・子育てについて困ったことを聞かせてください。
・子どもが自分に似ているところはありますか。
・子育てでうまくいかないことはありますか。
・当校に通学する時、どういった経路を予定していますか。
・好き嫌いに関してはどのように教育されていますか。

〈時　間〉　約15分

〈解　答〉　省略

[2020年度出題]

 学習のポイント

　１次試験合格者に対して行われる２次試験の面接は、下記のような配置で行われました。試験官は４名です。上記の質問内容を含め、10分から15分ほどの質疑応答があったようです。保護者への質問より、お子さまへの質問の方が多い点が特徴ですが、内容は特に変わったものではありません。質問内容を理解して、それにきちんと答えるという基本的なコミュニケーションがとれいれてれば問題ないでしょう。あえて注目するとすれば、保護者への質問は、家庭での教育方針とその実際について聞くことが多い点でしょうか。当校のような難関校を受験する家庭ならば相応に準備をしていると思われますが、想定できる質問への回答はしっかりと確認しておいた方が落ち着いて面接ができるはずです。

初等部の 校長先生	初等部の 教頭先生	生活指導 の先生	男性の 先生
○	○	○	○

○
○　志願者　○
父　親　　　　母　親

出入口

【おすすめ問題集】
　面接テスト問題集、保護者のための入試面接最強マニュアル

〈 準 備 〉　鉛筆（赤）

〈 問 題 〉　夏休みのある日の朝、あきらくんはお父さんと一緒におじいさんの牧場に行きました。おじいさんの広い牧場にはウシだけではなく、ヒツジやウマがいます。牧場に着くと、おじいさんが家の前で待っていました。おじいさんの家は牧場の真ん中にあり、茶色い毛の大きなイヌが玄関の前に座っていて、眠そうにあきらくんを見ています。「よく来たね、家の中で一休みしなさい」とおじいさんはあきらくんに言いました。おじいさんは台所で、今朝絞った牛乳をあきらくんに飲ませてくれました。牛乳を飲むとあきらくんはなんだか眠くなったので、お父さんに「眠くなった」と言い、おじいさんのベッドを借りてお昼寝をしていました。しばらくしてあきらくんが目を覚ますとおじいさんが出かける支度をしています。あきらくんが「どこへ行くの」と聞くと、おいじさんは「牛乳をしぼりに行くんだよ」と答えました。あきらくんが「一緒に行っていい？」と聞くと、おじいさんは「いいよ」と答えました。ウシの飼われている小屋はおじいさんの家から歩いて10分ほど掛かります。あきらくんは急いで支度をして、おじいさんと一緒に出かけました。途中まで歩いていくと空が急に黒くなり、あたりが暗くなりました。おじいさんは「雨が降りそうだから、家に戻って支度をしよう」と言いました。2人は家に戻って、雨に濡れないための支度をしてから、もう一度ウシ小屋に向かいました。

　　　　　　（問題24の絵を渡す）
　　　　　　①上の段を見てください。おじいさんの牧場にいない動物はどれですか。いない動物を選んで〇をつけてください。
　　　　　　②下の段を見てください。あきらくんとおじいさんが牛小屋に行く時、取りに帰ったものはどれですか。〇をつけてください。

〈 時 間 〉　各30秒

〈 解 答 〉　①〇：ブタ、ヤギ　②〇：雨がっぱ、傘

[2019年度出題]

 学習のポイント

ここ数年の傾向ですが、当校で出題されるお話の記憶の問題で話されるお話は、いずれもシンプルなものが多いようです。小学校受験の記憶問題にありがちな、志願者を混乱させるようなストーリーでも、お話の登場人物が多いわけでもありません。他校の難問に挑戦している志願者には、少々物足りない問題でしょう。それだけに、1次試験のペーパーテストの中でも勘違いやケアレスミスをしてはならない分野の問題になってきます。解答時間は標準的なものですが、答えの見直しができる余裕は持てるようにしてください。なお、入試全体も分野ごとの基礎的な内容が中心ですので、当校のペーパーテストでは「答えの精度」まで考えた対策が必要だということになります。指導する際は、お子さまが問題の趣旨を理解していることはもちろんですが、答え方まで含めた細かな点にまで気を配るよう指導してください。

【おすすめ問題集】
　　1話5分の読み聞かせお話集①・②、1話7分の読み聞かせお話集入試実践編①
　　お話の記憶 初級編・中級編・上級編、Ｊｒ・ウォッチャー19「お話の記憶」

問題25 分野：記憶（お話の記憶）

〈準 備〉 鉛筆（赤）

〈問 題〉 さゆりちゃんは、体を動かすのが大好きなので、今日の運動会をとても楽しみにしています。朝起きると晴れていたので、さゆりちゃんはうれしくなって、おかあさんに「晴れてるよ」と言いました。おかあさんは、「着替えてから朝ご飯を食べなさい」とさゆりちゃんに言いました。さゆりちゃんはご飯を食べながら「お父さんは？」と聞きました。「応援する場所を取りに、朝早く出かけたわよ」とお母さんは答えました。さゆりちゃんが出かける準備をしていると、お弁当もできたようです。「早くしなさい」とお母さんが言ったので、さゆりちゃんは急いで支度をして学校へ出発しました。学校へ着くとお父さんが手をブンブン振って、応援席で待っていました。おとうさんは「ここだよ」と大きな声で、おかあさんとさゆりちゃんを呼んでいます。おかあさんは、「そんなに大きな声で言わなくてもわかるわよ」と独り言を言いました。おとうさんが「さゆりは今日は何をするの？」と聞くと、さゆりちゃんは「『なわとび競走』と『ボール投げ』に出るよ」と答えました。おとうさんは「さゆりはなわとびが得意だから楽しみだな」と言いました。お昼になるとさゆりちゃんはおとうさんとおかあさんがいる応援席に戻ってきました。お弁当をあけると、さゆりちゃんの好物の唐揚げと卵焼きが入っていました。卵焼きを食べているとお母さんが「ピーマンも食べなさいよ」と唐揚げの横にある野菜炒めを指さして言いました。さゆりちゃんはピーマンが嫌いですが、我慢して食べました。

（問題25の絵を渡して）
①上の段を見てください。さゆりちゃんが得意な運動で使う道具はどれですか。○をつけてください。
②下の段を見てください。お弁当に入っていたさゆりちゃんの好きな食べものはどれですか。○をつけてください。

〈時 間〉 各30秒

〈解 答〉 ①○：左から２番目（なわとび） ②○：右から２番目（唐揚げ）

[2019年度出題]

 学習のポイント

当校のお話の記憶で題材にされるお話は、志願者と同年代の子どもが主人公の場合が多く、聞き手にも共感しやすいのではないでしょうか。同年代の日常を描くストーリーですから、突飛な展開や登場人物の行動がない点も、すんなりと話に入れる要素となっているでしょう。前述したように、このような課題は、ほかの志願者もほぼ間違えませんから、ケアレスミスがないように慎重に解答する必要があります。また、登場人物の気持ちを推察する問題や、ストーリーとは直接関係ない分野の質問（季節や理科的常識を聞くなど）を聞くといった、応用力が必要な出題はほとんどありません。「登場人物は〜の〜人で」「〜は〜した」といった「事実」を整理しながら聞けば、それほど苦労しないはずです。まずは短いお話をたくさん聞き、「事実」を正確に記憶する訓練から始めてみましょう。

【おすすめ問題集】
　１話５分の読み聞かせお話集①・②、１話７分の読み聞かせお話集入試実践編①
　お話の記憶 初級編・中級編・上級編、Ｊｒ・ウォッチャー19「お話の記憶」

〈準 備〉　鉛筆（赤）

〈問 題〉　上の段を見てください。四角に描いてあるサイコロの目の数はあわせて「8」です。下の段の四角に描いてあるサイコロのなかで、出た目の数が、上の段と同じ「8」になるものを選んで、○をつけてください。

〈時 間〉　30秒

〈解 答〉　○：上段真ん中、下段右端

[2019年度出題]

 学習のポイント

「数に対するセンス」を観点にした問題です。「数に対するセンス」とはひと目で2つの集合の多少がわかったり、10以下の数であれば、指折り数えることなくいくつのものがあるかがわかる、といった感覚のことです。こういう表現をしてしまうと難しそうですが、この感覚は、特別な訓練が必要なものではなく日常生活で自然と身に付く感覚です。小学校に入学すると、基本的なたし算・ひき算をする時に習うのが「たして10になる数」の2つの数の組み合わせ（「1・9」「2・8」など）ですが、学習する前になんとなく学んでいたという方も多いのではないでしょうか。買い物をしてお金を払う時、友だちとおやつを分ける時など、何かを数える時に自然と10単位でものを数え、「数の感覚」を身に付けているのです。この問題ではサイコロの目の数をたしていくつになるかを指折り数えていては制限時間内に回答できません。「数に対するセンス」を身に付けて、こうした問題を正確に答えられるようにしましょう。

【おすすめ問題集】
　Ｊｒ・ウォッチャー38「たし算・ひき算1」、39「たし算・ひき算2」、
　41「数の構成」

問題27　分野：図形（対称）

〈準 備〉　鉛筆（赤）

〈問 題〉　1番上の段を見てください。左端の四角に描いてあるものを矢印の方向にパタンとひっくり返すとどのようになるでしょう。右の四角から正しいものを選んで、○をつけてください。下の段も同じよう答えてください。

〈時 間〉　各30秒

〈解 答〉　①○：右端　②○：真ん中　③○：右端

[2019年度出題]

学習のポイント

小学校受験と言えども、「図形分野の問題は、図形を頭の中で動かさないと答えを出すことができない」というのはほとんどの問題に当てはまります。「図形を頭の中で動かす」と言うと難しく聞こえますが、具体的に考えれば、それほど難しいものではありません。この問題で言えば「線を軸にして図形をパタンと倒す」、つまり、水平方向に紙を裏返すというだけのことです。例えば、透明なシートに問題のイラストを写し、回転させる様子を見せれば、こういった問題が苦手なお子さまでも、すぐに理解できる程度のことではないでしょうか。本書に限らず、小学校受験の問題集で「図形の問題は、具体物を使って理解してください」というフレーズが見られるのは、こうした問題を解く基本的なアプローチだからですが、入試やペーパーテストで透明なシートや積み木を持ち出すことはできません。少しずつつで構いませんから「図形を頭の中で動かす訓練」を始めてください。

【おすすめ問題集】
　Ｊｒ・ウォッチャー8「対称」、48「鏡図形」

問題28　分野：図形（鏡図形）

〈準　備〉　鉛筆（赤）

〈問　題〉　1番上の段を見てください。左端の四角の形は透明な紙に描かれています。この形を裏側から見るとどのように見えるでしょう。右の四角から選んで、正しいものに○をつけてください。下の段も同じよう答えてください。

〈時　間〉　各30秒

〈解　答〉　①○：左端　　②○：右端　　③○：真ん中

[2019年度出題]

 学習のポイント

図形分野の問題は観察力が必要な分野です。例えば、「左の四角に描いてあるものと同じものを右の四角から選びなさい」という問題であれば、左の四角に描いてあるものの特徴を「観察して」とらえないと回答できないからです。この問題には、答えるためのポイントが2つあります。1つ目は複数の図形が描かれた、見本の図形をよく観察してその特徴をとらえること。2つ目は問い方が少し複雑ですが、「鏡図形」の問題だと理解することです。つまり、「透明なシートに描かれた図形を裏から見る」ということは「鏡に写した図形を見ること」と同じという発想が湧くかどうかです。これは小学校受験の図形問題にある程度慣れていないとできないかもしれません。意図しているかどうか不明ですが、当校では内容はともかく、「少しひねった」聞き方をすることがあります。

【おすすめ問題集】
　Ｊｒ・ウォッチャー4「同図形探し」、8「対称」

〈準備〉　鉛筆

〈問題〉　上の段を見てください。四角のようにシーソーが釣り合っています。下の段で
　　　　同じように釣り合うシーソーを選んで、○をつけてください。

〈時間〉　1分

〈解答〉　○：上段真ん中、下段右端

[2019年度出題]

学習のポイント

問題の絵を見て、上段の「☆☆＝△」「△△＝■」「○＝■■」というシーソーから、
「○＝■■＝△△△△＝☆☆☆☆☆☆☆☆」という、おもり同士の関係が推理できれば、
下段のシーソーについてもあまり悩むことなく答えられるでしょう。簡単な置き換えの考
え方を使ったたし算・ひき算の問題になります。当校の入試は基礎中心ですが、推理問題
では時折、このように少し複雑な課題が出題されます。こういった課題では応用力・思考
力が問われますから、ふだんの学習から問題の趣旨を理解した上で、「～だから～にな
る」という考え方で回答していくようにしましょう。推理分野の問題を解いて身に付ける
べきものは、論理的に考える習慣です。「この問題にはこの解き方」といった知識やハウ
ツーを覚えて正解したとしても、先につながる学習にはなりません。

【おすすめ問題集】
　　Ｊｒ・ウォッチャー33「シーソー」、57「置き換え」

問題30 　分野：制作（課題画）

〈準備〉　クレヨン、画用紙

〈問題〉　この問題の絵はありません。
　　　　「ありがとう」とあなたが言っている時の顔を描いてください。
　　　　（絵を描いた後で）
　　　　・「誰に『ありがとう』と言っていますか」
　　　　・「なぜ『ありがとう』と言っているのですか」
　　　　　などの質問を試験官が行なう。

〈時間〉　10分

〈解答〉　省略

[2019年度出題]

学習のポイント

制作した絵画や工作について後で質問される、当校では頻出する問題形式です。質問の答えとして特に変わったことを言う必要はありませんが、志願者の経験を説明することになるので、相手にわかるように、具体的に答えるべきでしょう。また、短い文章で連続して質問されますから、答えもそれに合わせた簡潔なものでかまいません。「誰に」と聞かれれば「おかあさんです」、「なぜ」と聞かれれば「～だからです」といった形なります。ここでは、本人の情操面や性格を分析しようというのではなく、コミュニケーションをスムーズに取れるかどうかを観点としていますから、「余計なことを言わないように」とだけ指導するほうがむしろ良いかもしれません。こういった観点をお子さまが理解する必要はありませんが、保護者の方は少し意識しておくと指導する際に役立ちます。

【おすすめ問題集】
　　実践 ゆびさきトレーニング①②③、Ｊｒ・ウォッチャー22「想像画」、
　　24「絵画」、29「行動観察」

問題31　分野：制作（課題画）

〈準 備〉　クレヨン、画用紙

〈問 題〉　この問題の絵はありません。
　　　　　「あなたが何かを待っている時の顔」を描いてください。
　　　　　（絵を描いた後で）
　　　　　・「何を待っているのですか」
　　　　　・「なぜ待っているのですか」
　　　　　　などの質問を試験官が行なう。

〈時 間〉　10分

〈解 答〉　省略

[2019年度出題]

 学習のポイント

前問と同様に絵を描いて、絵に関しての質問を受ける問題です。前問との違いは、より具体的に状況を説明する必要がある点でしょうか。絵の評価などは二の次で、絵を書いた後の質問で相手の意図を理解して答えられるかどうかが観点ということになります。入試全体の傾向としても、「指示を理解して、それにしたがって行動できるか」「自分の意志を相手に伝えられるか」といったコミュニケーション能力がチェックされる場面が多い印象を受けます。私立小学校の入試では現時点の学力・能力以外にも、「入学後にスムーズに教育できる」「クラスなどの単位で集団活動ができる」ということ、具体的には「先生やクラスメイトとスムーズなコミュニケーションがとれる」「年齢相応の落ち着きがある」といった点が、行動観察以外の場面でもチェックされていると考えておきましょう。当校のような、難関と呼ばれる学校ではさらにその傾向が強いようです。

【おすすめ問題集】
　　実践ゆびさきトレーニング①②③、Ｊｒ・ウォッチャー22「想像画」、24「絵画」
　　29「行動観察」

問題32 分野：行動観察・運動

〈準 備〉 コーン（3本）、ロープ（6m程度・1本）、ひも（8m、赤・白各1本）
※コーンは2m程度の間隔を開け設置する。
※この問題は5人のグループで行なう。

〈問 題〉 この問題の絵はありません。
①先生がした通りに真似してください（サメ・カニ・マンボウなどのポーズをする）。
②これから「電車ごっこ」をしますから、赤と白のひもを使って「レール」を引いてください。
③ロープを輪にしてその中に全員で入り、縦一列に並んでください。
④全員でロープを持ち、「シュッシュッポッポ」と言いながら、「レール」の上を走ってください。

〈時 間〉 適宜

〈解 答〉 省略

[2019年度出題]

 学習のポイント

①は行動観察前の準備運動として行なわれる運動です。模倣体操が行なわれることが多いようです。②以降は行動観察です。グループで行われる課題ですから、協調性、つまりほかの志願者と役割分担をしながら目的をスムーズに実行することが主な観点になっています。実際の評価項目は、「（ほかの志願者と）とトラブルを起こしていないか」「積極的に行動しているか」「指示を理解しているか」といったものですから、ほとんどのお子さまには「ふだん通りにしていればよい」とアドバイスしておけば問題ないでしょう。集団行動に問題のあるお子さま、コミュニケーションをとることに問題のあるお子さまは、過去問題集に取り組む以前に、基本的なこととして、「指示されたことを理解してその通りに実行する」「同年代のお子さまと触れ合う機会を求め、協調性を育む」という2つのことを意識して日々を送ってください。

【おすすめ問題集】
新運動テスト問題集、Jr・ウォッチャー28「運動」、29「行動観察」

問題33	分野：記憶（お話の記憶）

〈準備〉　鉛筆（赤）

〈問題〉　夏休みのある日、ひろしくんはお父さん、おかあさん、妹のはなちゃんと一緒におじいさん、おばあさんの家へ泊まりに行くことになりました。家を出発すると電車に乗り、その後にバスに乗っておじいさん、おばあさんの家へ向かいます。途中、電車を降りた駅の前にあるお店で、ひろしくんは花火を買いました。ひろしくんがたくさん花火を買おうとすると、おかあさんが「そんなにいっぱい買ってはだめよ」と言ったので、あわてて、何本かの花火を、お店の棚に戻しました。バスに乗っておじいさんの家へ向かう道には、ヒマワリの花がたくさん咲いていました。おじいさん、おばあさんの家に着くと、玄関の前に２人が立っていて、「よく来たね」と言ってくれました。おじいさんはひろしくんが持っている花火を見て、「夜になったら花火をしようね」と言いました。おばあさんとおかあさんが作ってくれた晩ごはん食べた後、家の前の空き地で花火をすることになりました。ひろしくんはさっそく、おじいさん、おばあさん、おとうさん、おかあさん、はなちゃんに花火を１本ずつ配りましたが、配り終えると「ぼくのがない！」と気づきました。おばあさんとおじいさん、おかあさんは「私たちは花火をしないよ」と言って花火をひろしくんに返してくれたのでひろしくんは「やった」とよろこびました。ひろしくんがお父さんに借りたライターで花火に火を点けようとすると、おじいさんが「危ないから、私が点けてあげよう」と言って、花火に火を点けてくれました。その花火からは緑色の火花が散ってとてもきれいです。お父さんの花火からは、青色の火花が、はなちゃんの持っている花火からは、赤色の火花が出ました。

　　　　　（問題33の絵を渡す）
　　　　　①上の段を見てください。花火をしなかったのは誰ですか。○をつけてください。
　　　　　②下の段を見てください。ひろしくんたちは何に乗っておじいさん、おばあさんの家に行きましたか。○をつけてください。

〈時間〉　各30秒

〈解答〉　①○：おかあさん、おじいさん、おばあさん　②○：バス、電車

[2018年度出題]

 学習のポイント

当校で出題されるお話の記憶の問題は、いずれもお話が短く、簡潔です。登場人物の数も少ないので、しっかりと聞いていればその情景を記憶することは、難しいことではないでしょう。苦手意識を持つ子も多い「お話の記憶」ですが、当校の入試の問題の中では、基礎的なミスをしてはいけない問題ということになります。混乱することがないように「誰が、なにを、いつ、どのようにしたか」という要点を押さえながら聞きましょう。なお、今回の入試では、問題によって鉛筆の色を変えることなく、すべて赤鉛筆で解答を記入したようです。

【おすすめ問題集】
　　１話５分の読み聞かせお話集①・②、１話７分の読み聞かせお話集入試実践編①
　　お話の記憶 初級編・中級編・上級編、Ｊｒ・ウォッチャー19「お話の記憶」

問題34 分野：記憶（お話の記憶）

〈準 備〉 鉛筆（赤）

〈問 題〉 来年1年生になるきょうこちゃんは、弟のたかしくん、友だちのかおるちゃん、たろうくん、こうたくんの5人で、近所の公園に遊びに行きました。たかしくんは、たろうくんが自分と同じマークの付いた帽子を被っていたので、「同じ星マークの帽子だね」と言いました。たろうくんは「マークは同じだけど帽子の色は僕が白で、たろうくんのは黒いね」と言いました。公園に着くと、たろうくんがたかしくんに「何して遊ぶ」と聞きました。たかしくんは「かくれんぼがしたい」と言ったので5人でかくれんぼをすることになりました。じゃんけんをして、最初のオニはたろうくんになりました。きょうこちゃんとたかしくんは、ブランコの柱の後ろにかくれました。かおるちゃんはシーソーの後ろに、こうたくんは、公園の入口の近くにある木の後ろに隠れました。たろうくんが、100まで数えた後、最初にきょうこちゃんとたかしくんを、次にかおるちゃんを見つけました。こうたくんはなかなか見つりませんでしたが、たかしくんが「こうたくんが木の陰にいるよ」と、きょうこちゃんに言ったのをたろうくんが聞いたので、やっと見つけられました。きょうこちゃんはたかしくんに、「かくれんぼをしている時は誰がどこに隠れているとか言ってはだめよ」と言い、こうたくんに「ごめんね」と言いました。かくれんぼをした後は、おにごっこ、なわとびをして遊びました。長い時間遊んでいたので、夕方になりました。「おなかが減ったから、おうちに帰ろうよ」と、たかしくんが言ったので、みんなでそれぞれのおうちに帰りました。

(問題34の絵を渡す)
①上の段を見てください。きょうこちゃんとたかしくんが隠れていたものに○をつけてください。
②下の段を見てください。かくれんぼのオニになったのは誰ですか。○をつけてください。

〈時 間〉 各30秒

〈解 答〉 ①○：左から2番目（ブランコ）　②○：真ん中（たろうくん）

[2018年度出題]

 学習のポイント

当校のお話の記憶で題材にされるお話は、志願者の日常にありそうな題材をとりあげることが多く、理解しやすいお話が多いのが特徴です。前述した通り、ポイントを押さえながら聞けばそれほど難しくはありません。ただし、この問題の①のように「たかしくんと同じ帽子を被っているたろうくんを選ぶ」といった、やや複雑な設問や、1つの設問に解答が2つある設問もよく出題されています。当校の入試は小学校入試としては平均的なレベルの入試だけに、このような応用力を試す問題も正解して、合格ラインに届く結果にしたいものです。お話の内容を整理しながら聞くのは当然として、どんな問題にでも対応できる柔軟な思考力を育てていきましょう。

【おすすめ問題集】
　1話5分の読み聞かせお話集①・②、1話7分の読み聞かせお話集入試実践編①
　お話の記憶 初級編・中級編・上級編、Ｊｒ・ウォッチャー19「お話の記憶」

問題35 分野：複合（図形・数量）

〈準 備〉 鉛筆（赤）

〈問 題〉 上の段を見てください。左端の形と同じ数の三角形を使っている形を右の四角の中から選んで、〇をつけてください。下の段も同じよう答えてください。

〈時 間〉 各30秒

〈解 答〉 ①〇：真ん中　②〇：右

[2018年度出題]

 学習のポイント

数量分野「数える」と図形分野「パズル」「図形の構成」の複合問題です。ここではいくつかの三角形を使った図形が出題されています。図形に分割線が引いてありますから、図形分野の問題としてはそれほど難しくはありません。正確に数えていけば自然と答えがわかるでしょう。ただし、解答時間がそれほど長くないので、「1、2、3」と指折り数えているヒマもありません。小学校受験では、「10までの数は把握しておく必要がある」と言われますが、これには一見して10までの数のものの個数がわかる、という意味が含まれています。ここでは、それができないとかなりあわてて数えなければならず、ケアレスミスをしてしまう可能性が大きくなるのです。

【おすすめ問題集】
　Ｊｒ・ウォッチャー３「パズル」、14「数える」、54「図形の構成」

問題36 分野：複合（図形・数量）

〈準 備〉 鉛筆（赤）

〈問 題〉 上の段を見てください。左端の四角には△が６つ、■が６つ、〇が４つ描いてあります。これと同じ形が同じ数ある四角を、同じ段の右から選んで、〇をつけてください。下の段も同じよう答えてください。

〈時 間〉 各30秒

〈解 答〉 ①〇：右　②〇：真ん中

[2018年度出題]

数量分野「選んで数える」と図形分野「同図形さがし」の複合問題です。まず、四角の中に図形を区別することは問題ないでしょう。その上で保護者の方は、お子さまが問題文の意図するところを理解できているかをチェックしてください。「〜はなにか」「〜はどれか」といった単純な設問に慣れていると、問題文の理解がおろそかになっていることがあります。当校では内容は基礎ですが、すこしひねった出題をして、志願者の応用力を観るところがありますから注意してください。図形・数量といった分野では数多くの問題を解くことで、問題を解く「コツ」がつかめ、思考の柔軟性を養うことができますから、これらの分野が苦手というお子さまは、問題文の理解を含め、「慣れる」ことからはじめるとよいでしょう。

【おすすめ問題集】
　　Ｊｒ・ウォッチャー4「同図形探し」、37「選んで数える」

問題37　　分野：比較（シーソー）

〈準 備〉　鉛筆（赤）

〈問 題〉　①左側の上の段を見てください。ネコ1匹とサル3匹の重さは釣り合っています。ネコ1匹とウサギ2匹の重さは釣り合っています。では、1番重い動物に○を、1番軽い動物に△を、下の段から選んでつけてください。
　　　　　②右側の上の段を見てください。バナナ2本とリンゴ3個は重さが釣り合っています。ミカン4個とリンゴ3個は重さが釣り合っています。では、1番重い果物に○を、1番軽い果物に△を、下の段から選んでつけてください。

〈時 間〉　各30秒

〈解 答〉　①○：ネコ　△：サル　②○：バナナ　△：ミカン

[2018年度出題]

 学習のポイント

シーソーが釣り合っている場合、数が多いものほどシーソーに載っているものの1つ当たりの重さは軽くなります。これが頭に入っていると、①ではネコ1匹とサル3匹、ネコ1匹とウサギ2匹が釣り合っているので、サル3匹とウサギ2匹は同じ重さということが直感的にわかります。そうすると1匹当たりの重さは、数の多いサルが1番軽いことになるということが自然とわかるのです。このように指示を一度聞いただけではかなりややこしく感じますが、関係を理解した上で、イラストか具体物を使って目に見えるようにすれば一目瞭然です。机上で使えるシーソーを用意して、問題通りに再現してみるのもよいでしょう。

【おすすめ問題集】
　　Ｊｒ・ウォッチャー33「シーソー」

問題38 分野：図形（展開）

〈準 備〉 鉛筆（赤）

〈問 題〉 折った紙の点線のところを切って広げると、どのような形になるでしょうか。
右側の四角から探して、その形に○をつけてください。

〈時 間〉 1分

〈解 答〉 ①右から2番目　②左から2番目　③右端

[2018年度出題]

 学習のポイント

図形分野の問題は、漠然と考え、答えても正解できません。たとえ正解したとしても、た
またま合っていただけと考えたほうがよいでしょう。得意分野に変えていくためには「こ
こがこうだから」と、論理的に考えて答える習慣をつけなければなりません。もちろん、
展開の問題も同じです。慣れないうちは、実際に紙を切って、どうなるかを見てみましょ
う。その経験を積み重ねていくうちに、頭の中に展開した絵が思い浮かび、「この線が展
開した時には2倍の長さになる」「四角形の大きさが倍になる」といったことが直感的に
わかるようになるのです。展開の問題であれば、基本の2つ折りのもので理解を深め、次
に複数回折ったものにもチャレンジするといった流れで段階的に学んでいきましょう。

【おすすめ問題集】
　Ｊｒ・ウォッチャー５「回転・展開」

問題39 分野：制作・口頭試問

〈準 備〉 クレヨン、画用紙

〈問 題〉 ※クレヨンと画用紙はあらかじめ渡しておき、問題28の絵を見せる。
ここではどのようなものが育つでしょうか。育つものの絵を描いてください。
（絵を描いた後で）
・「これは何ですか」
・「（野菜だった場合）家ではよく食べますか」
・「育てたことはありますか」
などの質問をされる。

〈時 間〉 10分

〈解 答〉 省略

[2018年度出題]

 学習のポイント

近年の当校の制作の課題では、制作した絵画や工作について、必ず質問されたり、発表したりしますから、この問題のように想像したものを描いた場合でも、「それがなにか」を言葉にする必要があります。創造力を豊かにすることも重要ですが、語彙を含めた表現力が当校の試験では優先されるということでしょう。作品の質を上げるための訓練はそれほど必要ではなく、「何を描いたか」「その理由」などをたずねられた時に、きちんと答えるだけのコミュニケーション力を鍛えた方が、試験対策という意味では正解ということです。なお、制作をした時は、こうした課題への対策として、保護者の方が作品についてのコメントを述べるのではなく、お子さまに作品を説明してもらうようにしてください。

【おすすめ問題集】
　　実践ゆびさきトレーニング①②③、Ｊｒ・ウォッチャー22「想像画」、24「絵画」

問題40　分野：制作・口頭試問

〈準　備〉　クレヨン、画用紙、料理をする時の音（包丁で食材を切る、何かを炒めるなどの音）が収録された音源、音楽再生機器

〈問　題〉　**この問題の絵はありません。**
　　　　　※クレヨンと画用紙はあらかじめ渡しておく。準備整ったら、料理をする時の音を適宜再生する。

　　　　　今聴いた音は何の音でしょうか。
　　　　　できたものを描いてください。
　　　　　（絵を描いた後で）
　　　　　・「これは何というものですか」
　　　　　・「（料理の絵を描いていれば）あなたはこれが好きですか」
　　　　　　などの質問を試験官が行なう。

〈時　間〉　10分

〈解　答〉　省略

[2018年度出題]

学習のポイント

内容としては料理の音を聴き、そこから連想する絵を描くわけですから、前問と大きな違いはありません。あまりにも見当違いの絵でなければ問題ないでしょう。ここでは常識として、料理の音というものが年齢相応にわかっていればよいのです。また、絵の巧拙もそれほど気にする必要はありません。何が描いてあるかわからないと困りますが、その後の質問ができる程度の出来で充分です。ここでも問題の中心は、やはり制作後の口頭試問です。一言で言うと「質問の意図を理解して、それに沿った答えを言う」ということになりますが、そういったやりとりが苦手というお子さまはまず、相手の言ったことをきちんと聞いて理解することからはじめましょう。お子さまの回答に問題があれば、どのような形で答えるかを保護者の方がアドバイスするのです。地道ですが、これを繰り返すことで、口頭試問を乗り切るだけのコミュニケーション能力が身に付きます。

【おすすめ問題集】
新口頭試問・個別テスト問題集、実践ゆびさきトレーニング①②③、
Ｊｒ・ウォッチャー22「想像画」、24「絵画」、

問題41 分野：行動観察

〈準　備〉 机、机の上にジャガイモ４個とビニール袋を置いておく。また、エプロンを畳んだ状態でカゴの中に入れておく。

〈問　題〉 <mark>この問題の絵はありません。</mark>
これから私（出題者）の言うとおりにしてください。
①エプロンをカゴから出してつけてください。
②服の後ろについているひもをちょうちょ結びで留めてください。
③机の上にあるジャガイモをビニール袋に入れてください。
④エプロンを取り、元あったように畳んでカゴにしまってください。

〈時　間〉 ５分

〈解　答〉 省略

[2018年度出題]

 学習のポイント

例年出題されている生活巧緻性の課題です。昨年よりも少し作業内容が複雑ですが、一度練習しておけばできる程度のものでしょう。当校の巧緻性を観る課題は毎年内容は違いますが、わざわざ対策しなければならない課題ではありません。日常生活でひもを結ぶ、整理整頓するといった作業の機会を逃さず、お子さまに与えることで充分対応できる内容です。言い換えると、生活体験を積み重ねることだけで十分対応できる内容ですから、わざわざ機会を設けて試験のために作業させるのではなく、家事のお手伝いや身の回りの作業を年齢なりにこなせれば充分なのです。

【おすすめ問題集】
実践ゆびさきトレーニング①②③、Ｊｒ・25「生活巧緻性」、29「行動観察」、
30「生活習慣」

問題42 分野：行動観察

〈準 備〉 床に青テープで円（直径5m程度）を作成しておく。

〈問 題〉 この問題の絵はありません。
※この問題は7～8人程度のグループで行なう。
①この円を左足でケンケンしながら、1周してください。
②次に右足でケンケンしながら、1周してください。
③円の上に並んで、前の人の背中が見える方向を向いてください。
　私がボールを渡しますから、後ろにボールを渡しください。ボールが1周したら「終わりました」と、私に言ってください。

〈時 間〉 適宜

〈解 答〉 省略

[2018年度出題]

 学習のポイント

行動観察前の準備運動として行なわれる運動の課題です。以前はサーキット運動や模倣体操、指示行動など、よく説明を聞いていないと、混乱してしまいそうな課題が出題されていましたが、この年はそれほど複雑なものではなかったようです。課題の一部が集団行動（ボール送り）になっていることからもわかるように、当校の運動・行動観察といった課題が、指示をよく聞いて理解するだけなく、同じグループのお子さまにも迷惑にならないようにすること、積極的に行動することも必要なものに変わっています。ペーパーテストが「難問」というレベルではないだけに、こういったそれ以外の課題では失敗しなように注意しておきましょう。

【おすすめ問題集】
　新運動テスト問題集、Ｊｒ・ウォッチャー28「運動」

問題43 分野：行動観察

〈準 備〉 ビニールプール（直径150cm）、スーパーボール（200個）、
バケツ（3個）、ちりとり（4個）

〈問 題〉 この問題の絵はありません。
※スーパーボールはあらかじめ、ビニールプールの中に入れておく。
　バケツはビニールプールから2m離れた位置に置いておく。
　この問題は5人のグループで行なう。

プールの中にあるボールを、ちりとりですくい、できるだけ早くバケツの中に入れてください。始める前にお友だちと、どのようにすれば早くできるかを相談してください。

〈時 間〉 適宜

〈解 答〉 省略

[2018年度出題]

グループに対する行動観察の課題です。「ちりとりでスーパーボールをすくう」という作業そのものは難しいものではありませんから、協調性・積極性を観点としたものと言えるでしょう。ここでは道具（ちりとり）は4個、グループは5人ですから1人は道具なしで作業することになるという点に注意してください。道具を持たない人は、ほかの人の補助をしたり、手伝う役回りになるわけですが、直接作業をしていなくても、消極的に見えないように気を付けるようにしましょう。その役割になったお子さまにしてみれば面白くはないでしょうが、そういった役割でも積極的に行動する姿には高い評価が与えられるはずです。

【おすすめ問題集】
　　Ｊｒ・ウォッチャー25「生活巧緻性」、29「行動観察」

問題12

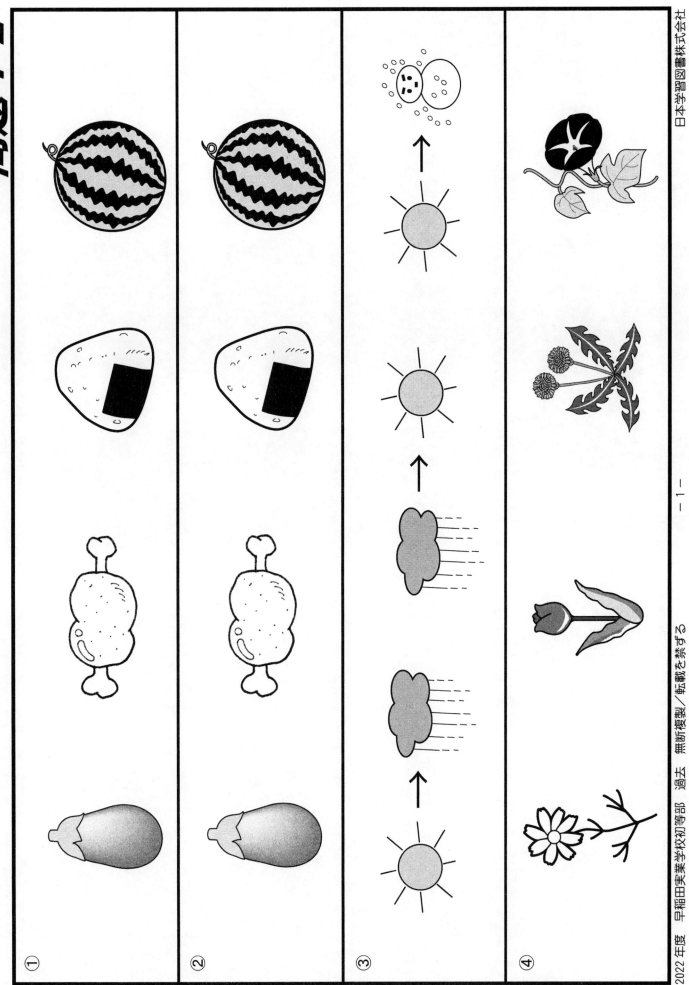

2022年度　早稲田実業学校初等部　過去　無断複製／転載を禁ずる　　日本学習図書株式会社

問題13

①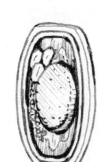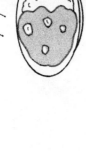

②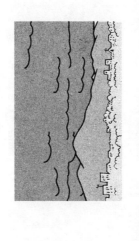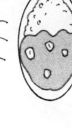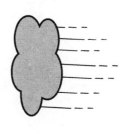

③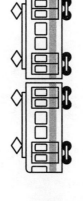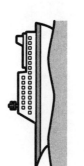

④

2022年度　早稲田実業学校初等部　過去　無断複製／転載を禁ずる　　日本学習図書株式会社

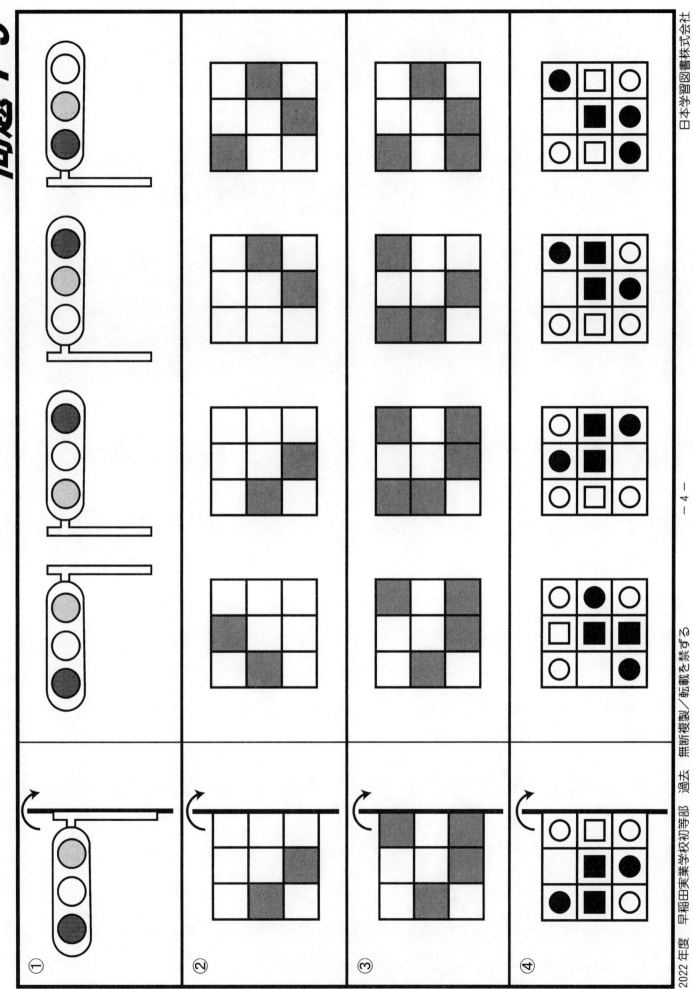

2022 年度　早稲田実業学校初等部　過去　無断複製／転載を禁ずる　　日本学習図書株式会社

①

②

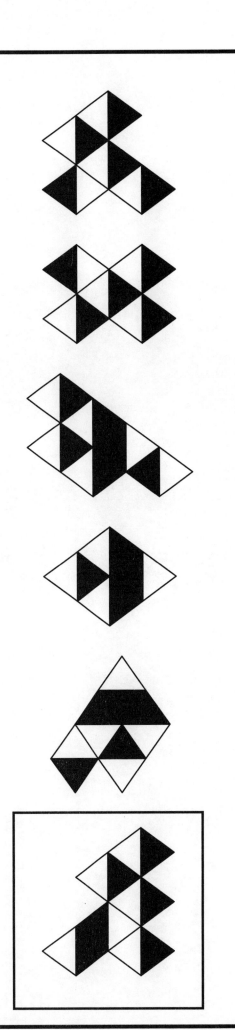

日本学習図書株式会社

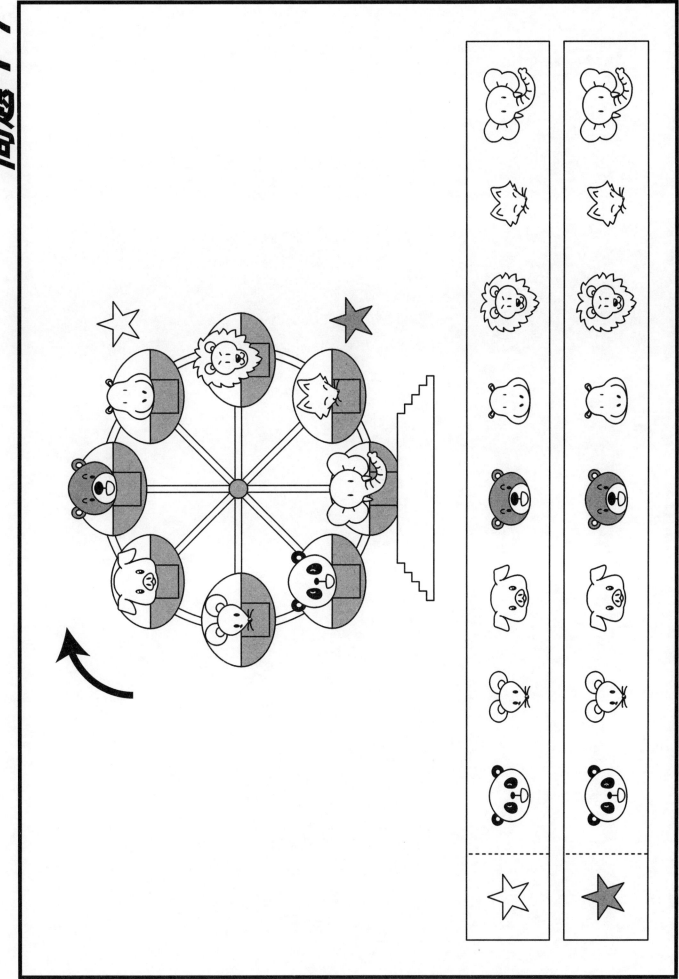

2022 年度　早稲田実業学校初等部　過去　無断複製／転載を禁ずる　　日本学習図書株式会社

問題 １９－１

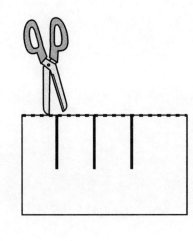

①19-2の絵を点線で半分に折る。

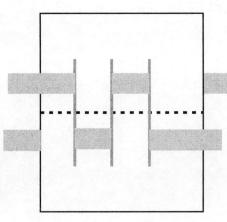

②横線が引いてある３ヶ所にハサミで切り込みを入れる。

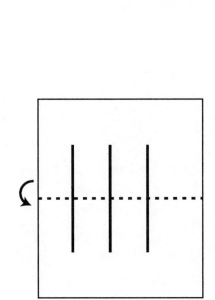

②最初のように紙を開く。

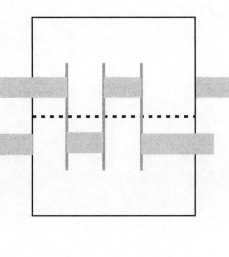

④上図のように、切り込みを入れた部分に紙テープを通す。

2022年度　早稲田実業学校初等部　過去　無断複製／転載を禁ずる　　日本学習図書株式会社

2022年度　早稲田実業学校初等部　過去　無断複製／転載を禁ずる　　日本学習図書株式会社

問題 2 4

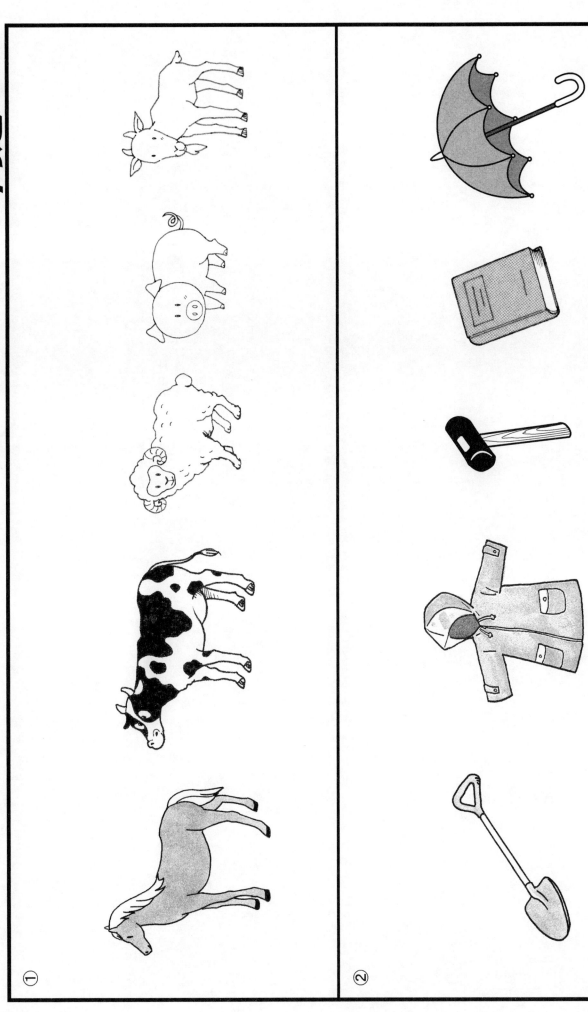

① ②

2022 年度　早稲田実業学校初等部　過去　無断複製／転載を禁ずる

日本学習図書株式会社

①

②

2022 年度　早稲田実業学校初等部　過去　無断複製／転載を禁ずる　　　　日本学習図書株式会社

2022年度　早稲田実業学校初等部　過去　無断複製／転載を禁ずる　日本学習図書株式会社

①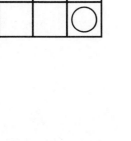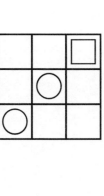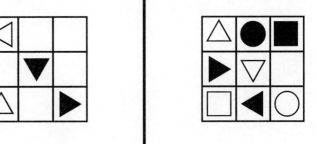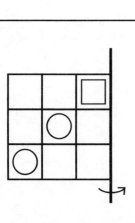

②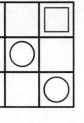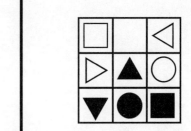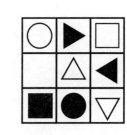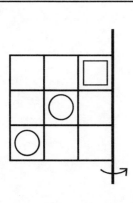

③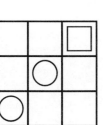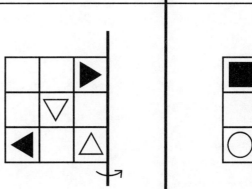

2022 年度　早稲田実業学校初等部　過去　無断複製／転載を禁ずる　日本学習図書株式会社

① ② ③

2022 年度　早稲田実業学校初等部　過去　無断複製／転載を禁ずる　日本学習図書株式会社

2022 年度　早稲田実業学校初等部　過去　無断複製／転載を禁ずる　　　　　　　日本学習図書株式会社

問題３３

①

②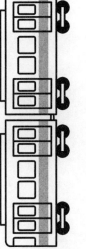

2022年度　早稲田実業学校初等部　過去　無断複製／転載を禁ずる　　　　日本学習図書株式会社

問題 3 4

①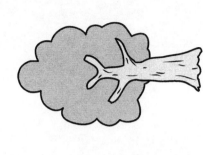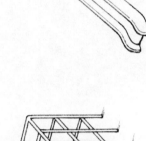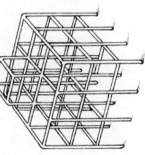

②

日本学習図書株式会社

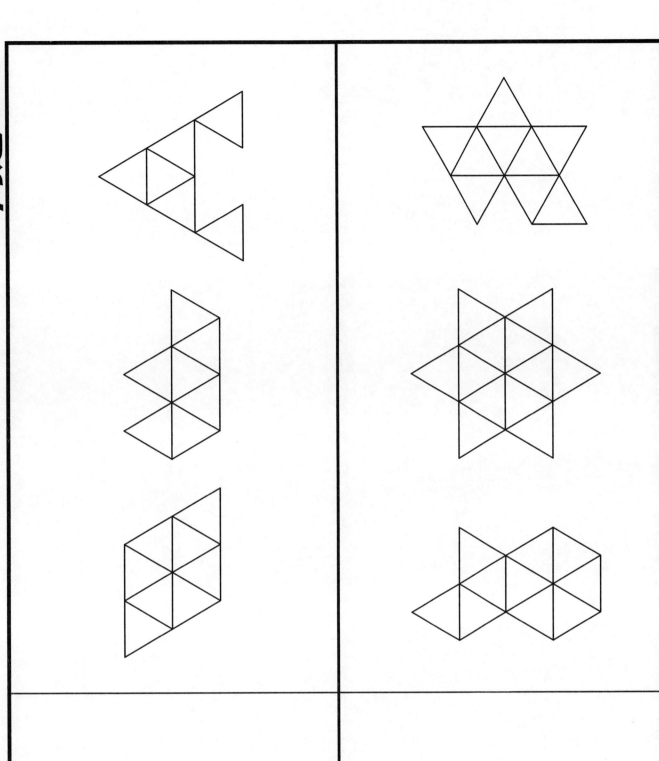

2022 年度　早稲田実業学校初等部　過去　無断複製／転載を禁ずる　　　　　日本学習図書株式会社

問題３６

①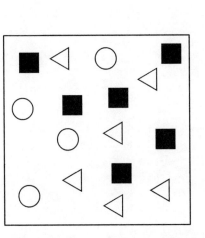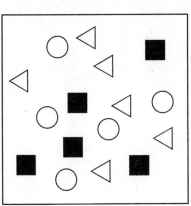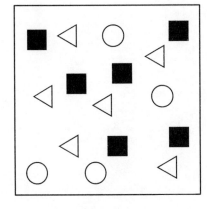

②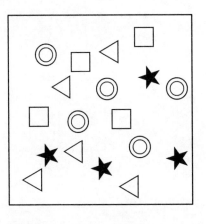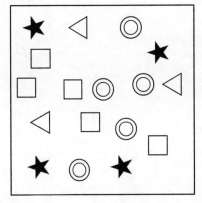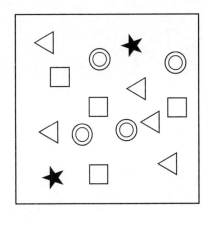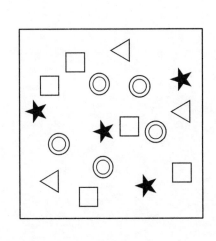

日本学習図書株式会社

2022年度　早稲田実業学校初等部　過去　無断複製／転載を禁ずる

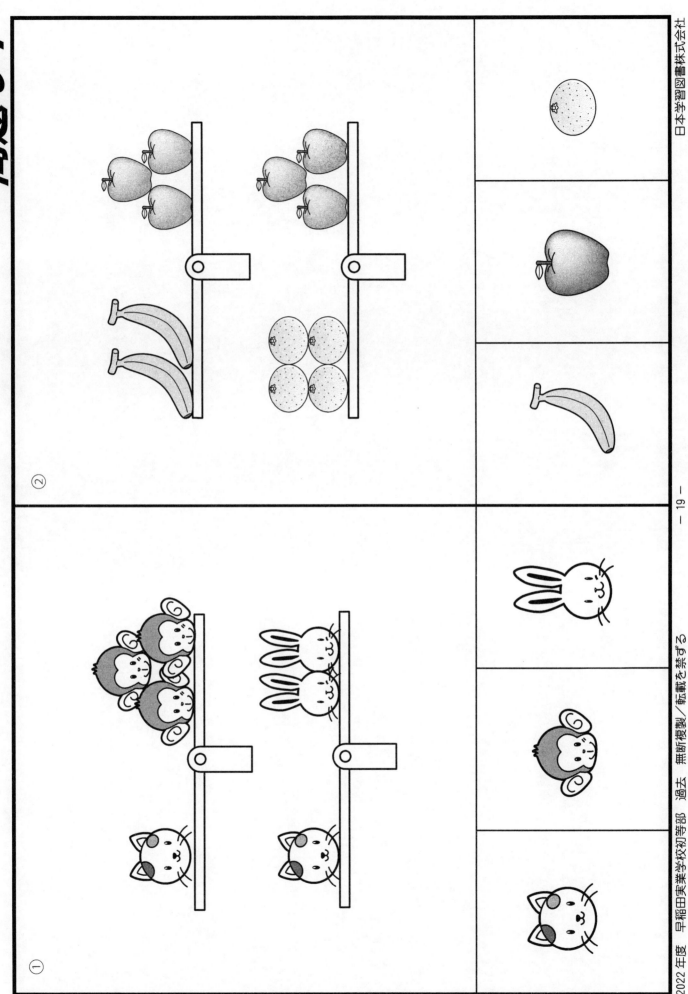

2022 年度　早稲田実業学校初等部　過去　無断複製／転載を禁ずる　日本学習図書株式会社

2022年度　早稲田実業学校初等部　過去　無断複製／転載を禁ずる　日本学習図書株式会社

問題３９

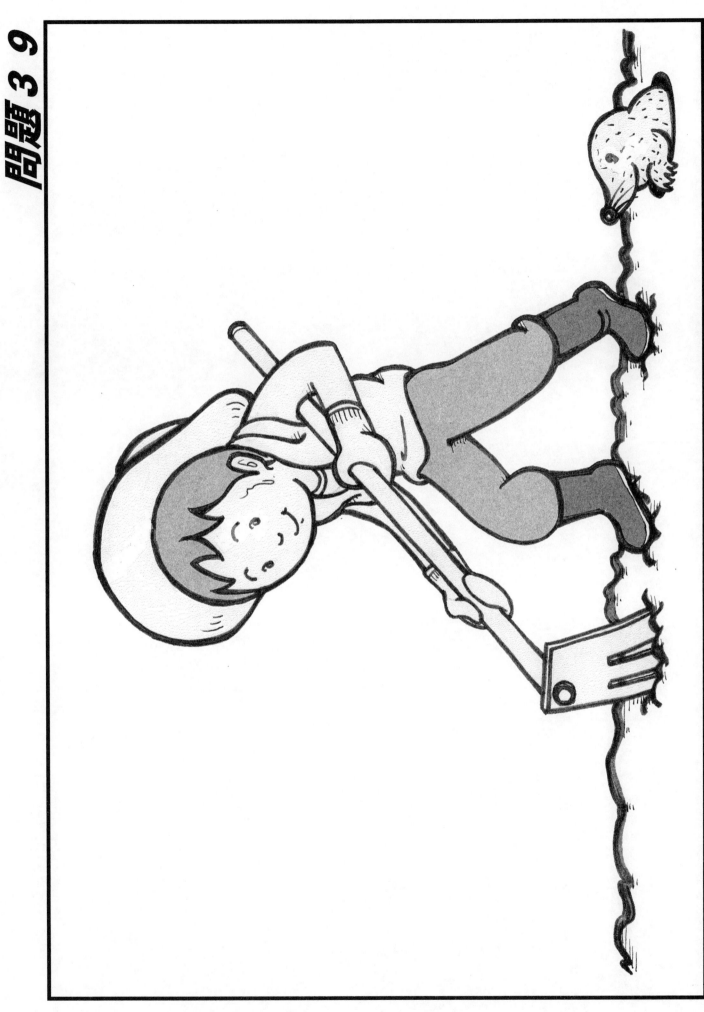

日本学習図書株式会社

分野別 小学入試練習帳 ジュニアウォッチャー

1.	点・線図形	小学校入試で出題頻度の高い「点図形・線図形」の模写を、難易度の低いものから、幅広く練習することができるように構成。
2.	座標	図形の位置模写という作業を、難易度の低いものから段階別に練習できるように構成する。
3.	パズル	様々なパズルの問題を難易度の低いものから段階別に練習できるように構成。
4.	同図形探し	小学校入試で出題頻度の高い、同図形選びの問題を繰り返し練習できるように構成。
5.	回転・展開	図形などを回転、または展開したとき、形がどう変化するかを学習し、理解を深められるように構成。
6.	系列	数、図形などの様々な系列問題を、難易度の低いものから段階別に練習できるように構成。
7.	迷路	迷路の問題を繰り返し練習できるように構成。
8.	対称	対称に関する問題を4つのテーマに分類し、各テーマごとに段階別に練習できるように構成。
9.	合成	図形の合成に関する問題を、難易度の低いものから段階別に練習できるように構成。
10.	四方からの観察	もの(立体)を様々な角度から見て、どのように見えるかを推理する問題を段階別に構成。
11.	いろいろな仲間	ものや動物、植物などの共通点を見つけ、分類していく問題を中心に構成。
12.	日常生活	日常生活における様々な問題を6つのテーマに分類し、各テーマごとに練習できるように構成。
13.	時間の流れ	「時間」に着目し、様々なものごとには、時間が経過するとどのように変化するのかということを学習できるように構成。
14.	数える	様々なものを『数える』ことから、数の多少の判定やかけ算、わり算の基礎までを練習できるように構成。
15.	比較	比較に関する問題を5つのテーマ(数、高さ、長さ、重さ、高さ)に分類し、各テーマごとに段階別に練習できるように構成。
16.	積み木	数える対象を積み木に限定した問題集。
17.	言葉の音遊び	言葉の音に関する問題を5つのテーマに分類し、各テーマごとに問題を段階別に構成。
18.	いろいろな言葉	表現力をより豊かにするいろいろな言葉として、擬態語や擬声語、同音異義語、反意語、数詞を取り上げた問題集。
19.	お話の記憶	お話を聴いてその内容を記憶し、理解し、設問に答える形式の問題集。
20.	見る記憶・聴く記憶	「見て憶える」「聴いて憶える」という『記憶』分野に特化した問題集。
21.	お話作り	いくつかの絵を元にしてお話を作る練習をすることで、想像力を養うことができるように構成。
22.	想像画	描かれてある形や景色に好きな絵を描くことにより、想像力を養うことができるように構成。
23.	切る・貼る・塗る	小学校入試で出題頻度の高い、はさみやのりなどを使用した巧緻性の問題を繰り返し練習できるように構成。
24.	絵画	小学校入試で出題頻度の高い巧緻性の問題をクレヨンやクーピーペンを用いた課題で繰り返し練習できるように構成。
25.	生活巧緻性	ひもがけや結び、箸使いなど日常生活の様々な場面における巧緻性の問題集。
26.	文字・数字	ひらがなの清音、濁音、拗音、物長音、促長音と1～20までの数字を学べるように練習できるように構成。
27.	理科	小学校入試で出題頻度が高くなっている、理科的分野に焦点を絞った問題集。
28.	運動	出題頻度の高い運動問題を種目別に分けて構成。
29.	行動観察	項目ごとに問題提起をし、この「行動観察」の観点から「家庭でのしつけ」を考える問題集。
30.	生活習慣	学校より家庭に提起された問題と思って、一問一問絵を見ながら話し合い、考えていく形式の問題集。
31.	推理思考	数、量、言語、常識(含理科、一般)など、諸々のジャンルから、近年の小学校入試傾向に沿って構成。
32.	ブラックボックス	箱や筒の中を通ると、どのようなお約束でどのように変化するのかを推理・思考する問題集。
33.	シーソー	重さの違うものをシーソーに乗せた時どちらに傾くのか、またどうすればつり合うのかなどを基礎的に学ぶ問題集。
34.	季節	様々な行事や植物などを季節別に分類できるように知識をつける問題集。
35.	重ね図形	小学校入試で出題されている「図形を重ね合わせてできる形」についての問題を集めました。
36.	同数発見	数々のものの中から「同じ数」を発見し、数の多少の判断や数の認識の基礎を学べるよう構成。
37.	選んで数える	様々なものを数えることから、いろいろなものの数を正しく数える学習を行う問題集。
38.	たし算・ひき算1	数字を使わず、たし算とひき算の基礎を身につけるための問題集。
39.	たし算・ひき算2	数字を使わず、たし算とひき算の基礎を身につけるための問題集。
40.	数を分ける	数を等しく分ける問題です。等しく分けたときに余りが出るものもあります。
41.	数の構成	ある数がどのような数で構成されているかが学べます。
42.	一対多の対応	一対一の対応から、一対多の対応まで、かけ算の考え方の基礎学習を行います。
43.	数のやりとり	あげたり、もらったり、数の変化をしっかりと学びます。
44.	見えない数	指定された条件から数を導き出します。
45.	図形分割	図形の分割に関する問題集。パズルや合成の分野にも通じる様々な問題を集めました。
46.	回転図形	「回転図形」に関する問題集。やさしい問題から始め、いくつかの代表的なパターンを、段階を踏んで学習できるよう編集しています。
47.	座標の移動	「マス目の指示通りに移動させる問題」と「指示された数だけ移動する問題」を収録。
48.	鏡図形	鏡で左右反転させた時の見え方を考える問題です。
49.	しりとり	すべての学習の基礎となる「言葉」を学ぶこと、特に、語彙を増やすことを目的とした問題集。平面図形から立体図形、文字、絵まで。
50.	観覧車	観覧車やメリーゴーラウンドなどを舞台にした「回転系列」の問題集。「推理思考」分野の問題ですが、「図形」や「数量」の要素も含みます。
51.	運筆①	鉛筆の持ち方を学び、点と点を線で結ぶ、お手本を見ながら線を引く練習をします。
52.	運筆②	運筆の練習を通して、点と点をつなぐ、迷路や「欠所補完」など、より複雑な鉛筆運びを習得することを目指します。
53.	四方からの観察 積み木編	積み木を使用した「四方からの観察」に関する問題を練習できるように構成。
54.	図形の構成	見本の図形がどのような部分によって形づくられているかを考えます。
55.	理科②	理科的知識に関する問題を集中して練習する「常識」分野の問題集。
56.	マナーとルール	道路標識、公共の場でのマナー、安全や衛生に関する常識を学べるように構成。
57.	置き換え	さまざまな具体的・抽象的事象を数字や記号で表す「置き換え」の問題を集めました。
58.	比較②	長さ・高さ・体積・数など数量を比較できるように問題を構成。
59.	欠所補完	欠けた絵に当てはまるものなどを選ぶ論理的思考力を養う「欠所補完」に取り組む問題集。
60.	言葉の音(おん)	しりとり、決まった順番の音をつなげるなど、「言葉の音」に関する練習問題集。

◆◆ニチガクのおすすめ問題集 ◆◆

より充実した家庭学習を目指し、ニチガクではさまざまな問題集をとりそろえております!!

サクセスウォッチャーズ（全18巻）

①〜⑱
本体各 ¥2,200 +税

全9分野を「基礎必修編」「実力アップ編」の2巻でカバーした、合計18冊。

各巻80問と豊富な問題数に加え、他の問題集では掲載していない詳しいアドバイスが、お子さまを指導する際に役立ちます。

各ページが、すぐに使えるミシン目付き。本番を意識したドリルワークが可能です。

ジュニアウォッチャー（既刊60巻）

①〜⑳　（以下続刊）
本体各 ¥1,500 +税

入試出題頻度の高い9分野を、さらに60の項目にまで細分化。基礎学習に最適のシリーズ。

苦手分野におけるつまずきを、効率よく克服するための60冊です。

ポイントが絞られているため、無駄なく高い効果を得られます。

国立・私立 NEW ウォッチャーズ

言語／理科／図形／記憶
常識／数量／推理
本体各 ¥2,000 +税

シリーズ累計発行部数40万部以上を誇る大ベストセラー「ウォッチャーズシリーズ」の趣旨を引き継ぐ新シリーズ!!

実際に出題された過去問の「類題」を32問掲載。全問に「解答のポイント」付きだから家庭学習に最適です。「ミシン目」付き切り離し可能なプリント学習タイプ！

実践 ゆびさきトレーニング①・②・③

本体各 ¥2,500 +税

制作問題に特化した一冊。有名校が実際に出題した類似問題を35問掲載。

様々な道具の扱い（はさみ・のり・セロハンテープの使い方）から、手先・指先の訓練（ちぎる・貼る・塗る・切る・結ぶ）、また、表現することの楽しさも経験できる問題集です。

お話の記憶・読み聞かせ

[お話の記憶問題集]
中級／上級編
本体各 ¥2,000 +税

初級／過去類似編／ベスト30
本体各 ¥2,600 +税

1話5分の読み聞かせお話集①・②、入試実践編①
本体各 ¥1,800 +税

あらゆる学習に不可欠な、語彙力・集中力・記憶力・理解力・想像力を養うと言われているのが「お話の記憶」分野の問題。問題集は全問アドバイス付き。

分野別 苦手克服シリーズ（全6巻）

図形／数量／言語／
常識／記憶／推理
本体各 ¥2,000 +税

数量・図形・言語・常識・記憶の6分野。アンケートに基づいて、多くのお子さまがつまずきやすい苦手問題を、それぞれ40問掲載しました。

全問アドバイス付きですので、ご家庭において、そのつまずきを解消するためのプロセスも理解できます。

運動テスト・ノンペーパーテスト問題集

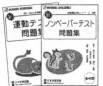

新 運動テスト問題集
本体 ¥2,200 +税

新 ノンペーパーテスト問題集
本体 ¥2,600 +税

ノンペーパーテストは国立・私立小学校で幅広く出題される、筆記用具を使用しない分野の問題を全40問掲載。

運動テスト問題集は運動分野に特化した問題集です。指示の理解や、ルールを守る訓練など、ポイントを押さえた学習に最適。全35問掲載。

口頭試問・面接テスト問題集

新 口頭試問・個別テスト問題集
本体 ¥2,500 +税

面接テスト問題集
本体 ¥2,000 +税

口頭試問は、主に個別テストとして口頭で出題解答を行うテスト形式。面接は、主に「考え」やふだんの「あり方」をたずねられるものです。

口頭で答える点は同じですが、内容は大きく異なります。想定する質問内容や答え方の幅を広げるために、どちらも手にとっていただきたい問題集です。

小学校受験 厳選難問集　①・②

本体各 ¥2,600 +税

実際に出題された入試問題の中から、難易度の高い問題をピックアップし、アレンジした問題集。応用問題への挑戦は、基礎の理解度を測るだけでなく、お子さまの達成感・知的好奇心を触発します。

①は数量・図形・推理・言語、②は位置・常識・比較・記憶分野の難問を掲載。それぞれ40問。

国立小学校 対策問題集

国立小学校入試問題A・B・C
（全3巻）本体各 ¥3,282 +税

新 国立小学校直前集中講座
本体 ¥3,000 +税

国立小学校頻出の問題を厳選。細かな指導方法やアドバイスが掲載してあり、効率的な学習が進められます。「総集編」は難易度別にA〜Cの3冊。付録のレーダーチャートにより得意・不得意を認識でき、国立小学校受験対策に最適です。入試直前の対策には「新 直前集中講座」！

おうちでチャレンジ　①・②

本体各 ¥1,800 +税

関西最大級の模擬試験である小学校受験標準テストのペーパー問題を編集した実力養成に最適な問題集。延べ受験者数10,000人以上のデータを分析しお子さまの習熟度・到達度を一目で判別。

保護者必読の特別アドバイス収録！

Q&Aシリーズ

『小学校受験で知っておくべき125のこと』
『小学校受験に関する保護者の悩みQ&A』
『新 小学校受験の入試面接Q&A』
『新 小学校受験 願書・アンケート文例集500』
本体各 ¥2,600 +税

『小学校受験のための
願書の書き方から面接まで』
本体 ¥2,500 +税

「知りたい！」「聞きたい！」「こんな時うすれば…?」そんな疑問や悩みにお答えする、オススメの人気シリーズです。

ご注文
お待ち
してます！

書籍についてのご注文・お問い合わせ
☎ 03-5261-8951

http://www.nichigaku.jp
※ご注文方法、書籍についての詳細は、Webサイトをご覧ください。

日本学習図書

検索

『読み聞かせ』×『質問』＝『聞く力』

お話の記憶の練習に最適

1話5分の 読み聞かせお話集①②

「アラビアン・ナイト」「アンデルセン童話」「イソップ寓話」「グリム童話」、日本や各国の民話、昔話、偉人伝の中から、教育的な物語や、過去に小学校入試でも出題された有名なお話を中心に掲載。お話ごとに、内容に関連したお子さまへの質問も掲載しています。「読み聞かせ」を通して、お子さまの『聞く力』を伸ばすことを目指します。　①巻・②巻　各48話

1話7分の読み聞かせお話集 入試実践編①

国立・私立小学校受験対応

最長1,700文字の長文のお話を掲載。有名でない＝「聞いたことのない」お話を聞くことで、『集中力』のアップを目指します。設問も、実際の試験を意識した設問としています。ペーパーテスト実施校の多くが「お話の記憶」の問題を出題します。毎日の「読み聞かせ」と「試験に出る質問」で、「解答のポイント」をつかんで臨みましょう！　50話収録

ニチガクの この5冊で受験準備も万全！

小学校受験入門 願書の書き方から 面接まで リニューアル版

主要私立・国立小学校の願書・面接内容を中心に、学校選びや入試の分野傾向、服装コーディネート、持ち物リストなども網羅し、受験準備全体をサポートします。

小学校受験で 知っておくべき 125のこと

小学校受験の基本から怪しい「ウワサ」まで、保護者の方々からの125の質問にていねいに解答。目からウロコのお受験本。

新 小学校受験の 入試面接Q&A リニューアル版

過去十数年に遡り、面接での質問内容を網羅。小学校別、父親・母親・志願者別、さらに学校のこと・志望動機・お子さまについてなど分野ごとに模範解答例やアドバイスを掲載。

新 願書・アンケート 文例集500 リニューアル版

有名私立小、難関国立小の願書やアンケートに記入するための適切な文例を、質問の項目別に収録。合格を掴むためのヒントが満載！願書を書く前に、ぜひ一度お読みください。

小学校受験に関する 保護者の悩みQ&A

保護者の方約1,000人に、学習・生活・躾に関する悩みや問題を取材。その中から厳選した200例以上の悩みに、「ふだんの生活」と「入試直前」のアドバイス2本立てで悩みを解決。

日本学習図書株式会社

家庭学習をトータルサポート！ ニチガクの オリジナル 効果的 学習法

1 まずは アドバイスページを読む！

ピンク色です

対策や試験ポイントがぎっしりつまった「家庭学習ガイド」。分野アイコンで、試験の傾向をおさえよう！

2 問題をすべて読み、出題傾向を把握する

3 「学習のポイント」で学校側の観点や問題の解説を熟読

4 はじめて過去問題にチャレンジ！

5 プラスα 対策問題集や類題で力を付ける

おすすめ対策問題集

分野ごとに対策問題集をご紹介。苦手分野の克服に最適です！

＊専用注文書付き。

過去問のこだわり

最新問題は問題ページ、イラストページ、解答・解説ページが独立しており、お子さまにすぐに取り掛かっていただける作りになっています。
ニチガクの学校別問題集ならではの、学習法を含めたアドバイスを利用して効率のよい家庭学習を進めてください。

各問題のジャンル

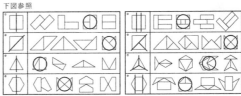

問題7 分野：図形（図形の構成）　　　　　　Aグループ男子

〈解答〉 下図参照

図形の構成の問題です。解答時間が圧倒的に短いので、直感的に答えないと全問答えることはできないでしょう。例年ほど難しい問題ではないので、ある程度準備をしたお子さまなら可能なはずです。注意すべきなのはケアレスミスで、「できないものはどれですか」と聞かれているのに、できるものに○をしたりしてはおしまいです。こういった問題では基礎とも言える問題なので、もしわからなかった場合は基礎問題を分野別の問題集などでおさらいしておきましょう。

【おすすめ問題集】
★筑波大附属小学校図形攻略問題集①②★（書店では販売しておりません）
Ｊｒ・ウォッチャー9「合成」、54「図形の構成」

学習のポイント

各問題の解説や学校の観点、指導のポイントなどを教えます。
今日から保護者の方が家庭学習の先生に！

2022年度版　早稲田実業学校初等部 過去問題集

発行日　2021年3月18日
発行所　〒162-0821 東京都新宿区津久戸町 3-11-9F
　　　　日本学習図書株式会社
電話　03-5261-8951 (代)

ISBN978-4-7761-5341-2

C6037 ¥2000E

定価 2,200 円

(本体 2,000 円＋税 10%)

詳細は http://www.nichigaku.jp　日本学習図書　検索